EBS 지식채널 ⓔ × 기후시민

EBS 지식채널 ⓔ

× 기후시민

지식채널 ⓔ 제작팀 지음

EBS
BOOKS

Climate

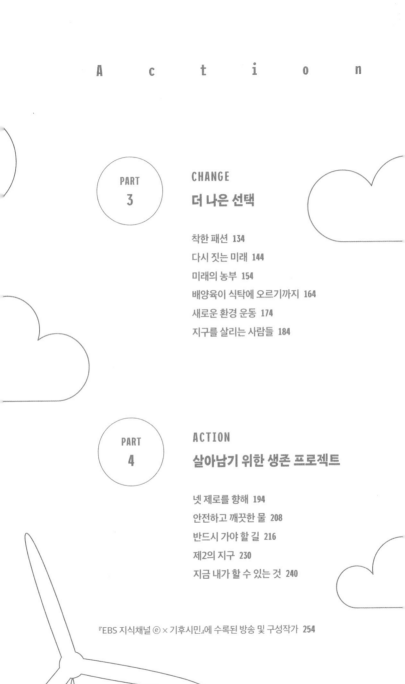

A c t i o n

위기의
지구

SIGNAL

티핑포인트

ON AIR
영구동토층이 녹는다 20200603

tipping point

영구동토층의 붕괴

2018년 여름, 시베리아에서 동물 미라 한 구가 발견됐다.
생후 2개월로 추정되는 미라의 나이는 약 1만 8,000살.
이 미라가 모습을 드러낸 곳은 지구온난화로 인해 녹아버린
영구동토층이었다.

수백만 년 전, 빙하기에 형성된 영구동토층은 2년 이상
땅속 온도가 0도 이하로 유지된다. 영구동토층은 다양한
동식물이 1만 년 이상 언 채로 묻혀 있는 땅이다. 매머드
사체도 1,000만 마리 이상으로 추정된다. 하지만 최근 10년
사이, 영구동토층의 온도가 평균 0.29도 높아지면서 이상한

현상이 곳곳에서 벌어지고 있다.

영구동토층이 녹으면서 얼어 있던 동식물의 유기물이
모습을 드러내기 시작한 것이다. 이 유기물을 토양
미생물이 분해하며 이산화탄소와 메탄가스가 발생했다.
알래스카에서는 싱크홀처럼 지반이 내려앉아 호수가
생겼고 강력한 온실가스인 메탄가스가 퍼져나왔다.

이와 같은 현상에 대해 임페리얼 칼리지 런던의 마틴
시거트Martin Siegert 교수는 영구동토층의 해빙이 지구
기후변화의 티핑포인트(Tipping point, 극적인 변화가 일어나는
시점)를 넘어서게 만들 수 있다고 말했다.
어쩌면 우리는 그 티핑포인트를 목전에 두고 있을지도
모른다.

ⓘ 참고 자료

「NATURE」, 《Polar Brief NO.11》, 극지연구소 | 미국항공우주국(NASA)

잠에서 깨어난 고대의 바이러스

2019년 1월, 학술 논문 사전공개 사이트인 바이오아카이브 bioRxiv에 미국과 중국 공동 연구팀의 연구 결과가 소개됐다. 연구팀은 고대 미생물을 연구할 목적으로 티베트 고원에 있는 굴리야 빙하의 영구동토층을 굴착했다. 약 50미터가량의 두꺼운 빙하를 뚫어 표본을 채취해 분석한 결과, 1만 5,000년 전에 형성된 것으로 보이는 바이러스 샘플을 확보할 수 있었다. 빙상 코어Ice Core라고 불리는 이 샘플에서는 총 33가지의 바이러스 유전정보가 발견되었는데, 이 중 28개는 지금까지 발견된 적이 없던 것이었다.

연구진은 이 바이러스가 모두 빙하기 때 만년설에 갇힌 것이라고 밝혔다. 이런 바이러스는 최장 10만 년까지 빙하 속에 동면하고 있었지만, 기온이 올라 빙하가 녹으면서 대기 중에 등장해 숙주의 몸속으로 들어갈 수 있다는 위험성이 제기됐다. 이러한 상황은 과거 지구의 기후변화를 분석하고 정보를 제공하는 미생물과 바이러스 정보가 손실되는 사태로 이어질

뿐만 아니라, 숙주를 타고 바이러스가 전 세계로 퍼져나갈 위험성까지 안고 있다.

실제로 2016년에는 러시아 북부 서시베리아에 위치한 살레하르트시에서 탄저균 바이러스로 인해 순록 2,300여 마리가 떼죽음을 당했고, 12살 어린이 한 명이 사망하는 일이 발생했다. 곧이어 지역 주민 96명이 비슷한 감염 증세로 입원했다. 역학조사 결과 이들의 사망이 탄저균 때문인 것으로 밝혀졌다. 러시아에서 탄저균이 발견된 것은 1941년 이후 처음 있는 일이다 보니, 러시아 당국은 테러나 적국의 의도적 실험을 의심하고 수사에 나섰다. 그러나 조사 결과, 지구온난화로 인해 기온이 35도까지 올라가면서 극지방과 고산지대의 빙하가 대량으로 녹아내리면서 고대 바이러스가 활동을 재개한 것으로 밝혀졌다. 즉, 영구동토층이 녹으면서 빙하 밑에 있었던 사체가 드러났고 사망한 소년이 유목인이라는 점을 고려할 때, 이 사체와 접촉한 순록이 소년에게 탄저균을 옮겼을 것으로 추정했다. 이는 강한 전염성을 가지고 있어, 생물학 무기로도 사용되는 탄저균이 얼어붙은 사람이나 동물 사체에서도 수백년 간 생존할 수 있다는 사실이 전 세계에 알려진 계기가 되었다.

전문가들은 빙하기 때 봉인됐던 유기체들이 지구온난화로 인해 다시 지상에 드러난다면, 전혀 새로운 방식으로 우리 사회를 위협할 것으로 예상하고 있다. 아무런 면역력이 없는 상태에서 이런 질병을 맞닥뜨리게 된다면, 코로나19를 넘어 더 큰 재앙이 일어날 거라고 예측하는 이들도 적지 않다. 심할 경우, 현대 과학으로는 해결하기 어려운 무서운 전염병으로 번져나갈 가능성도 배제할 수 없다. 미국 메인대학교 기후변화 연구소의 킴벌리 마이너 Kimberley Miner 교수는 아직 미생물에 대한 정보가 부족해 어떤 위험이 벌어질지 구체적으로 예상하기 어렵지만, 북극을 비롯한 전 세계를 보호하기 위해서는 꾸준히 미생물을 감시해야 한다고 주장했다.

📖ⓘ 참고 자료

「티베트서 고대 바이러스 무더기 발견… 유출 위험」, 《나우뉴스》, 2020년 1월 23일 | 「신종 바이러스 예고? 북극의 미생물이 깨어나고 있다」, 《주간조선》, 2021년 1월 2일 | 「온난화로 빙하가 녹으면 신종 감염병이 퍼진다고?」, 《매경프리미엄》, 2020년 3월 7일 | 「온난화로 빙하 속 고대 바이러스 살아나 전염병 일으킬 수도」, 《경향신문》, 2018년 7월 4일

전문가들은 빙하기 때
봉인됐던 유기체들이
지구온난화로 인해 다시
지상에 드러난다면, 전혀
새로운 방식으로
우리 사회를
위협할 것으로
예상하고 있다.

지구의
온도

지구의 1도

"2100년까지 지구의 평균기온 상승 폭을
2도 이하로 억제한다."

— 〈파리기후협약〉, 2015년

2015년 파리에서 열린 유엔 기후변화협약 당사국총회에서
세계 195개 회원국의 만장일치로 파리기후협약을
채택했다.
하지만 산업혁명 이후, 200년간 지구 온도는
이미 이미 1도 이상 높아졌다.

지구의 평균기온은 약 15도. 지구는 태양에서 받는 복사에너지만큼 지구 복사에너지를 우주로 방출해 온도를 유지한다. 인류가 배출한 이산화탄소의 절반가량은 식물과 바다가 흡수한다. 바다는 온실가스로 인한 열기를 90퍼센트 이상 흡수하고 빙하는 태양 빛을 반사해 지구가 뜨거워지는 것을 막는다. 그런데 지구의 기온이 오르면서 반사판 역할을 하던 빙하가 줄어들어 지난 100년간 해수면은 약 20센티미터 이상 상승했다. 동시에 니제르와 세네갈 등 남아프리카 지역은 수년에 걸친 가뭄으로 인해 물의 양이 40퍼센트에서 60퍼센트 정도 감소했다. 동시에 지구 표면의 약 30퍼센트에 이르는 지역이 사막화되고 있다.

"남태평양에 위치한 섬나라인 투발루의 작은 섬들은 바닷속에 잠겼고, 국토의 80퍼센트가 해발 1미터 이하인 몰디브의 경우 2100년에 물에 잠길 수도 있다."
— 유엔환경계획, 2005년

빙하 감소와 더불어 북극의 기온이 빠른 속도로 상승하고 있고 동쪽으로 부는 편서풍인 제트기류가 약화되고 있다.

남태평양에 위치한 섬나라인
투발루의 작은 섬들은
바닷속에 잠겼고, 국토의
80퍼센트가 해발 1미터 이하인
몰디브의 경우 2100년에
물에 잠길 수도 있다.

제트기류는 적도와 북극의 기온 차를 해소하는 데 도움을 주는 바람인데, 제트기류가 약해지며 고기압과 저기압의 이동이 느려졌다. 이로 인해 여름에는 폭염과 홍수, 겨울에는 한파가 닥칠 가능성이 더 높아졌다.

만약 지구가 1도 더 오른다면 무슨 일이 벌어질까? 여름철 평균 온도는 4.5도 상승하고 기후변화에 민감한 곤충, 그 곤충이 수분하는 식물뿐 아니라 척추동물도 일부 멸종을 피할 수 없다.

인간은 어떻게 될까? 식량난, 자연재해, 기후변화로 인한 질병 등 생존의 위협이 닥칠 것이다.

"2033년에는 지구의 평균온도가 1.3도 오를 것이다."

— 스티븐 데이비스Steven Davis, 기후학자

현재 2050년으로 예상됐던 지구의 평균 온도 1.5도 상승이 예상보다 17년이나 당겨질 것이라고 예상하고 있다.

인류의 생존을 쥐고 있는 지구의 1도.

우리는 어떤 선택을 해야 할까?

参考 자료

조천호, 『파란 하늘 빨간 지구』, 동아시아, 2019 | 미국항공우주국(NASA) | 국제연합(UN) | 「Committed emissions from existing energy infrastructure jeopardize 1.5℃ climate target」, 《NATURE》, 2019년 7월 1일

수온 변화가 가져온 악순환

2021년 7월, 동해의 평균 해면 수온이 40년 이래 최고치를 경신했다. 평년보다 2.7도 높은 22.2도로, 1982년 수온 측정을 시작한 이래 가장 높은 수치다. 1982년부터 2020년까지의 평년 평균인 19.5도와 비교해도 2.7도 높다. 지난 30년간 0.9도 상승한 것을 감안할 때, 최근 들어 상승 속도가 더욱 빨라지고 있다. 특히 우리나라의 수온 상승 속도는 전 세계의 평균보다 빠른 셈이다.

급격한 수온 변화로 인해 가장 몸살을 앓고 있는 것은 다름 아닌 해양 생태계다. 서식 환경이 달라지자 갈 곳 잃은 해양 생물들은 하나둘씩 자취를 감추고 있다. 특히 우리나라의 겨울철 대표 어종인 오징어의 생산량이 눈에 띄게 감소했다. 2004년부터 점진적으로 감소하다가 지난 5년 사이 급격히 줄어들었는데 이는 수온 변화로 인해 오징어가 우리나라에 머무르는 시간이 줄어든 것이 가장 큰 원인이다. 난류성 어종인 오징어가 살기에도 동해는 너무 뜨거운 바다가 되어버린 것이다. 어민들 사이에서는 "오징어가 녹아버렸다"라는 하소연이 나올 정도다.

추운 겨울철 동해에서 잡히던 냉수성 어종인 명태의 사정도 다르지 않다. 1980년대만 하더라도 '국민 생선'으로 불리던 명태지만 씨가 마른 지 오래다. 현재는 서식지가 러시아 인근까지 북상하면서 '집 나간 생선'이라는 별명까지 붙게 되었다. 강원도에서는 동해안의 명태 자원을 되살리기 위해 2015년 12월부터 11차례에 걸쳐 어린 명태 총 162만 마리를 방류했지만 빠르게 바뀌는 기후변화에는 역부족이었다. 한류성 어종인 도루묵과 남해안 별미로 불리는 곰치도 점차 자취를 감추고 있다.

동해와 함께 수온이 크게 오른 제주 바다에는 열대·아열대 지역에서 흔히 볼 수 있는 경산호가 모습을 드러내기 시작했다. 경산호는 서귀포 남쪽 해역인 문섬, 범섬, 섶섬 일대에 대규모로 확산되며 제주의 해조류 서식지를 잠식하고 있다. 녹색연합은 무섭게 확산되고 있는 경산호가 해조류 중 하나인 감태의 뿌리 부분과 연산호 밤수지맨드라미 군체의 기둥을 완전히 덮어버린 사진을 공개하며 우려의 목소리를 높였다. 녹색연합은 세계적으로 희귀한 제주 연산호가 경산호로 인해 서식지를 빼앗기고 있다는 조사 결과와 함께 지속적인 모니

터링과 연구가 필요함을 강조했다.

　게다가 엘니뇨가 또 하나의 기폭제로 작용하며 바다에서 일어나는 일이 더 이상 바다에서만 끝나지 않을 것이라는 전문가들의 주장이 제기되고 있다. 해수 온도가 높아지면 빙하가 녹는 속도 또한 빨라지고, 빙하가 녹으면 해수면이 상승하게 된다. 이로 인해 바다에는 더 큰 에너지를 가진 태풍과 사이클론이 생성되면서 전보다 심각한 이상기후가 발생할 것이며, 수해를 비롯한 각종 피해의 규모도 더욱 커질 것으로 전망하고 있다.

　참고 자료

「올 7월 동해 수온 40년 평균보다 2.7도 높아… 사상 최고치」, 《동아사이언스》, 2021년 8월 24일 | 「오징어·기장미역이 녹았다? 동해에 무슨 일이」, 《국제신문》, 2022년 1월 2일 | 「달라진 어장지도… '국민생선'된 난류성 어종 고등어」, 《연합뉴스》, 2022년 3월 5일 | 「제주 바다 수온이 3도 오르니 생긴 일」, 《경향신문》, 2022년 11월 22일 | 「현재 바다 온도 21.1℃ '역대급'… "엘니뇨로 더 높아진다"」, 《뉴스트리》, 2023년 4월 10일

멸종의 속도

70년 만의 귀환

1995년, 미국의 세렝게티라 불리는 옐로스톤 국립공원의
나무가 눈에 띄게 줄어드는 현상이 일어났다.
겨우 살아남은 활엽수들을 살펴본 결과 1920년대부터
나무들이 제대로 자라지 못했다는 증거가 발견됐다.
놀랍게도 그 원인의 핵심에는 '회색늑대 사살'이 있었다.

1920년대 인간과 가축을 위협하는 회색늑대 10여 마리를
사살하면서 옐로스톤 국립공원에는 평화가 찾아온
듯했지만, 회색늑대가 생태계의 연쇄 멸종에 결정적인
역할을 하는 핵심종이라는 사실을 사람들은 몰랐던 것이다.

결국, 70년 만에 회색늑대 31마리를 캐나다에서 공수해
방사했고 숲은 원 상태로 돌아가기 시작했다.

회색늑대로 인해 한가로이 나무를 뜯어 먹지 못하게 된
초식동물이 늘자 숲은 더욱 울창해졌다.
울창한 숲속의 나무로 집을 지을 수 있게 되자 비버가
돌아왔고, 비버의 댐 덕분에 수중 생태계도 되살아났다.
회색늑대가 사라지면서 코요테 개체 수가 절반으로
감소하자 코요테의 먹잇감이었던 들쥐의 개체 수도
증가했다.

시들어가던 옐로스톤 국립공원은 저절로 회복되었다.
회색늑대가 돌아왔다는 이유 하나만으로.

🗔ⓘ 참고 자료

「먹이사슬 핵심종, 지역 달라도 같은 역할」, 《연합뉴스》, 2012년 4월 7일 | 「달갑지 않은 늑
대가 돌아와야 하는 이유」, 《과학동아》, 2012년 12월호

이미 시작된 여섯 번째 대멸종

지구는 4억 5,000년 동안 자연재해 등 급격한 서식환경 변화를 겪으며 다섯 차례 동식물 멸종을 겪어왔다. 그 원인은 주로 화산, 지진, 소행성 충돌 같은 자연재해였다. 첫 번째 대멸종에서는 해양 생물의 50퍼센트 이상이, 두 번째 멸종에서는 지구에 살고 있던 생명체의 70퍼센트 이상이 사라졌다. 가장 심각했던 세 번째 대멸종에서는 무려 전체 생명체의 95퍼센트가 멸종했는데, 이는 지구에 있던 대부분의 생명체가 사라졌다고 해도 과언이 아니었다. 가장 최근에 일어난 다섯 번째 대멸종은 약 6,500만 년 전에 발생한 것으로, 당시 지구를 지배했던 공룡과 대형 파충류가 이때 멸종했다.

대멸종이 지구에 부정적인 영향만 미친 것은 아니었다. 화산 폭발이나 기후변화, 해수면 변화 속에서도 적응하고 살아남은 종이 있었다. 이러한 관점으로 보면 대멸종은 환경 변화에 따른 종의 진화에 매우 중요한 요소였음을 알 수 있다. 공룡이 멸종하자 폭발적으로 증가한 포유류는 점차 영향력 있는 종으로 부상하기 시작했고, 다양한 진화를 거쳐 현재의 인류가 나타날 수 있는 배경을 만들었다. 즉, 대멸종은 다양한 생명체가 공생하고 진화할 수 있는 계기가 되어주기도 했다.

하지만 현재 직면해 있는 여섯 번째 대멸종은 상황이 많이 다르다. 덴마크 오르후스대학교 연구팀은 지구가 이미 여섯 번째 대멸종을 겪고 있으며, 지난 다섯 차례의 자연적 대멸종과는 큰 차이가 있다고 밝혔다. 지금까지의 대멸종은 지질학적으로 긴 시간에 걸쳐 이루어지면서 새로운 종이 멸종한 종의 자리를 자연스럽게 메꿔온 반면, 여섯 번째 대멸종은 진화가 따라잡지 못할 만큼 멸종의 속도가 너무 빠르다고 지적했다.

그렇다면 그 원인은 대체 무엇일까? 그 중심에는 인간이 있다. 생물 서식지 파괴, 환경오염, 외래종 도입 등이 지구 곳곳에 다양한 종의 멸종을 불러와 생물 다양성에 큰 위협이 되고 있다. 또한 심각한 멸종 위기에 처한 종들의 서식지 대부분이 인간의 활동에 영향을 받는 열대와 아열대 지역에 집중되어 있다. 현재 지구는 기후변화와 함께 오염, 천연자원의 과다한 사용, 야생동물의 암시장 거래 등이 이뤄지면서, 다양한 종들이 인간에 의해 멸종하는 속도가 너무 빨라 빈자리를 채울 새로운 종이 그 시간을 따라잡을 수 없을 수도 있다. 미국 듀

현재 지구는 기후변화와
함께 오염, 천연자원의
과다한 사용, 야생동물의
암시장 거래 등이
이뤄지면서, 다양한 종들이
인간에 의해 멸종하는
속도가 너무 빨라 빈자리를
채울 새로운 종이 그 시간을
따라잡을 수 없을 수도
있다.

크대학교의 생물학자인 스튜어트 핌Stuart Pimm 교수가 이끄는 연구팀도 인간이 지구에 나타나기 이전에 비해 1,000배가량 빠른 속도로 멸종이 진행되고 있으며, 이는 이제까지 과학자들이 예상한 것보다 무려 10배나 빠른 속도라고 밝혔다.

민물 생태계의 생물 다양성에 대해 연구한 독일 유비투스 리비히 기센대학교 동물 생태·체계학과의 토마스 노이바우어Thomas Neubauer 박사는 현재 생물종이 사라지는 속도는 과거 대멸종 때도 없었던 수준이라고 보았다. 그는 현재의 생물 다양성 위기가 공룡의 대멸종 때보다 훨씬 더 빠르게 진행되고 있음을 고려할 때, 이를 회복하는 데는 훨씬 더 오랜 시간이 필요할 것이라고 덧붙였다.

ⓘ 참고 자료

엘리자베스 콜버트, 『여섯 번째 대멸종』, 김보영 옮김, 쌤앤파커스, 2022 | 「6번째 대멸종, 인류 위기인가?」, 《사이언스타임즈》, 2016년 7월 19일 | 「생물 멸종 속도 1000배 빨라져… 6번째 대멸종 위험 직면」, 《한겨레》, 2014년 6월 10일 | 「6번째 대멸종 겪는 지구… 다양성 복원에 수백만년 걸려」, JTBC, 2018년 10월 17일

사라지는 오랑우탄

2018년, 영국의 동물 구호단체인 IAR International Animal Rescue
이 온라인을 통해 공개한 영상 한 편이 전 세계적으로 화제가
됐다. 인도네시아 보르네오섬의 오랑우탄 서식지 파괴에 대
한 실태를 고발하는 이 영상에는 오랑우탄의 처절한 몸부림
이 담겨 있었다. 개간작업 중인 굴착기가 열대우림을 훼손시
키자 오랑우탄 한 마리가 나타나 팔을 휘두르며 굴착기를 공
격했고, 구호단체는 그 모습을 카메라에 담았다. 온몸을 던져
숲을 지키려던 오랑우탄은 결국 나무에서 떨어져 자신의 서
식지가 망가져가는 모습을 맥없이 바라볼 수밖에 없었다.

인도네시아 보르네오섬에는 전 세계 오랑우탄의 80퍼센트
가 살고 있다. 하지만 최근 개체 수가 급감하면서 2016년에 멸
종 위기 동물로 지정되었다. 독일 막스플랑크진화인류학연구
소 등 국제공동연구진이 국제학술지 《커런트바이올로지》에
게재한 논문에 따르면, 1999년부터 2015년까지 16년 동안 보
르네오섬에 사는 오랑우탄은 약 14만 500마리나 줄어들었다.

인도네시아 보르네오섬에는
전 세계 오랑우탄의 80퍼센트가
살고 있다. 하지만 최근
개체 수가 급감하면서
2016년에 멸종 위기 동물로
지정되었다.

현재는 약 7만에서 10만 마리만 남아 있을 정도로 심각한 위기에 처해 있다. 감소의 주요 원인으로는 팜유농장 등으로 인한 열대우림의 훼손과 사냥꾼들의 밀렵이 꼽힌다.

팜유는 기름야자나무에서 나오는 기름으로 콩이나 유채씨, 해바라기씨보다 10배 이상 기름을 채취할 수 있다는 장점은 물론, 음식, 화장품, 바이오연료 등 다양한 분야에서 사용되고 있다. 전 세계에서 사용하는 팜유 대부분은 인도네시아나 말레이시아에서 생산되는데 팜유의 소비가 급격히 증가하자 1990년부터 팜유농장을 지속적으로 확대하기 시작했다.

결국, 팜유를 더 많이 재배하기 위해 사람들은 열대우림을 불태우고 기름야자나무를 심으면서 생물종의 다양성까지 줄어들고 말았다. 농장을 만드는 시간보다 숲을 불태우는 것이 시간과 비용을 줄일 수 있었기 때문이다. 그 결과 1990년 이래 31만제곱킬로에 달하는 열대우림이 사라졌고, 오랑우탄을 포함한 호랑이, 코끼리, 코뿔소가 서식지를 잃어버렸다.

팜유농장으로 인한 문제가 악화되자 환경단체뿐만 아니라 각국 정부와 기업들도 목소리를 내기 시작했다. 유럽연합EU은 바이오디젤 원료에서 팜유를 퇴출시켰고, 유럽의회 Parlamentum Europaeum는 팜유를 원료로 생산된 바이오연료 사용을 3년간 금지하는 법안을 통과시켰다. 영국 브랜드인 러쉬

LUSH는 오랑우탄 보호와 열대우림 복원에 힘쓰는 비영리단체 수마트라오랑우탄소사이어티SOS에 기부할 목적으로, 팜유 대신 코코넛오일과 모링가 씨앗가루를 넣은 샴푸바를 제작하기도 했다.

국제환경단체들의 노력으로 유니레버, 네슬레, 로레알 등의 기업도 '산림 파괴 없는 제품 생산'을 약속했다. 세계자연기금WWF은 '지속가능한 팜유 생산을 위한 협의회RSPO'를 만들어 기업들의 동참을 독려하고 있다.

환경단체 그린피스는 숲이 이와 같은 속도로 계속 파괴될 경우, 50년 안에 오랑우탄이 멸종할 수 있음을 경고했다. 더불어 대규모 팜유농장과 제지 생산으로 인해 무분별하게 파괴되는 열대우림을 보호하기 위해 팜유를 사용하는 수많은 기업과 브랜드에 생산과 공급 과정을 친환경적으로 바꿔줄 것을 요구하고 있다.

참고 자료

김황, 『오랑우탄과 팜유 농장 보고서』, 풀과바람, 2020 | 「우리 집 건들지 마! 온몸으로 굴착기에 저항한 오랑우탄」, 《연합뉴스》, 2018년 10월 16일 | 「그린피스 "오랑우탄 매일 25마리씩 감소… 멸종 위기"」, 《그린포스트코리아》, 2021년 8월 19일 | 「열대우림 파괴하는 팜유… 멸종위기 오랑우탄 살 곳이 없다」, 《해피펫》, 2018년 3월 14일 | 「초콜릿 먹는 당신, 오랑우탄 멸종 앞당길 수도」, 《경향신문》, 2016년 5월 1일

빗나가는
일기예보

 85%?!

오늘의 날씨를 전해드리겠습니다

제2차 세계대전 시기, 계속되는 악천후.

"날씨가 어떻게 될 것 같은가?"
"앞으로 36시간 동안 날씨가 좋습니다."
"확실한가?"
"확실합니다!"

1944년 6월 6일, 연합군은 기상장교 스태그 대령의 조언에
따라 연합 작전을 시작했다. 악천후가 계속될 것으로 잘못
예측한 독일군의 허술한 경비를 틈타 노르망디 상륙작전을

감행했고, 결국 성공했다.

정확한 날씨 예측은 연합군 승리의 결정적인 계기가

되었다. 이처럼 정확한 일기예보는 역사를 바꾸기도 했다.

그런데 정확한 일기예보가 과연 가능할까?

베이징에 있는 나비 한 마리의 날갯짓이 뉴욕에 토네이도를

일으킬 수도 있다. 바로 나비효과다. 미국의 기상학자

에드워드 로렌즈Edward Lorenz는 대기가 나비효과처럼만

움직인다면 장기적인 일기예보는 불가능하다고 보았다.

지구온난화로 인한 대기 불안정이 심해지는 시기,

기상청이 자체 발표한 일기예보의 정확도는 85퍼센트

정도다.

2008년 6월 28일부터는 6주 연속 주말 예보를 틀린 적도

있었다.

"일기예보를 확인하고 농약을 쳤는데 비가 오니 어쩌해야 할지

모르겠습니다."

— 경상북도 영덕군의 한 농민

"정치망 그물도 파도에 찢겨 나갔네요.
일기예보를 믿고 바다를 다니는데요."

— 강원도 강릉시의 한 어민

농어민 15만 명, 건설 일용직 76만 7,000명.
그 외의 다양한 직업군에 근무하는 사람들이
오늘도 생계를 위해 일기예보를 확인한다.

참고 자료

강운구, 『저녁에』, 열화당, 2008

기후위기 속 빗나가는 일기예보

일기예보를 통해 재난을 대비할 수 있을 뿐만 아니라 산업 전반에 미치는 영향력이 크다 보니 일기예보는 국민의 생활과 직결되는 중요한 정보다. 하지만 기상청의 예측이 빈번히 빗나가자 국내 기상 정보를 노르웨이나 미국 등 해외 기상청 애플리케이션을 통해 찾아보는 이른바 '기상망명족'이라는 신조어까지 등장했다. 대체 왜 기상청 예보는 자꾸 빗나가는 걸까?

기상청의 날씨 예보는 유독 장마철에 비껴가는 경향이 있다. 기상청 날씨누리가 제공하는 강수 정확도를 살펴보면 유독 6월에서 8월 사이 강수 예측 적중률이 떨어지는 것을 확인할 수 있다. 강수 정확도란 기상청의 예보와 실제 관측된 날씨의 일치율을 퍼센트로 나타낸 지표다. 2021년 6월부터 2022년 5월까지 강수 정확도는 평균 91퍼센트였다. 하지만 6월에서 8월의 정확도는 각각 83퍼센트와 80퍼센트에 그쳤다. 이유는 소나기 때문이다. 여름철 소나기는 대기 상태 변화에 따라 그 양상이 확연히 달라지는 특징이 있다. 문제는 10킬로미터마다 하나씩 설치돼 있는 기상 관측소가 전체 대기 상태를 대표하기에는 다소 어렵다는 점이다. 작은 요인 하나하나가 예측에 영향을 미치는 장마철에는 대기 상태를 정확하게 관측하는 일이 사실상 불가능한 셈이다.

이에 기상청은 2020년 4월 한국형 수치예보모델을 도입했다. 수치예보모델은 미래의 대기 상태와 움직임을 관측한 데이터를 활용해 미래의 날씨를 시간대로 예측하는 프로그램이다. 이전에는 영국의 통합모델을 차용했지만 지금은 우리나라의 지형과 기상 특성을 정밀하게 반영한 한국형 수치예보모델을 병행해 구동한다. 이렇게 나온 수치예보를 바탕으로 경험 많은 기상 전문가들이 최종 예보를 한다. 이때 컴퓨터가 제공하는 정보만으로는 다양한 변수에 대응하는 데 한계가 있어, 예보관들의 경험과 통찰을 더해 정확도를 높인다. 그럼에도 예보 정확도에 대한 불신은 해소되지 못했다.

기상청도 답답하기는 마찬가지다. 해마다 지구온난화와 이상고온으로 인한 변수가 증가해 그동안 예측해온 공식을 벗어나는 일이 빈번해졌기 때문이다. 또 한반도가 아열대화되면서 짧은 시간, 좁은 지역에 퍼붓는 스콜성 폭우가 잦아지고 있지만, 이런 경우는 정확한 예보를 하더라도 큰 의미를 갖기

갈수록 잦아지는 폭염과
기습 폭우, 가뭄 등
기상학적 문제가 인간의
안전과 생존을 위협하고,
돌이킬 수 없는 엄청난
피해를 불러오고 있다.
발 빠르게 대비하기
위해서는 기상 예측과
예보 적중률을 높이는
기술이 그 어느 때보다
필요하다.

힘들다. 이처럼 예측 불허한 기상이변은 우리나라만의 이야기가 아니다. 사시사철 덥기로 유명한 북아프리카 사하라 사막에 40센티미터의 폭설이 내리는가 하면, 호주에서는 극심한 가뭄에 이어 100년 만에 기록적인 폭우가 내렸다. 우리나라에서도 전례 없는 폭우와 폭염이 반복되는 등 매년 세계 곳곳에서 기상이변과 자연재해가 끊이지 않고 있다.

문제는 다가올 미래가 낙관적이지 않다는 것이다. 스탠퍼드대학교의 대기과학자인 아디티 셰샤드리Aditi Sheshadri는 「대기 변화에 따른 기후변화 오차율」 논문을 통해 "기후변화가 날씨 예측을 더욱 어렵게 만들 것"이라고 밝혔다. 기후변화에 관한 정부 간 협의체IPCC는 최근 수십 년 동안 빈번하게 나타나는 각종 이상기후의 원인이 지구온난화에 따른 것이라는 데 무게를 두고 있다.

물론 모든 기상이변을 지구온난화의 탓으로 돌리는 것은 비과학적이라는 비판도 있다. 하지만 지구온난화가 오랜 시간에 걸쳐 일정한 패턴으로 나타나는 자연적인 흐름을 가속화시키고, 패턴을 어지럽힌다는 사실을 부정하기는 어렵다. 갈수록 기상을 예측하기 어려워지는 진짜 원인에 대해서는 연구가 더 필요한 상황이지만 지구온난화를 배제할 수 없다는 것이 전문가들의 공통된 견해다.

갈수록 잦아지는 폭염과 기습 폭우, 가뭄 등 기상학적 문제가 인간의 안전과 생존을 위협하고, 돌이킬 수 없는 엄청난 피해를 불러오고 있다. 발 빠르게 대비하기 위해서는 기상 예측과 예보 적중률을 높이는 기술이 그 어느 때보다 필요하다.

📖ⓘ 참고 자료

「오보청 가상청? 장마철 기후 예측 더 어려운 이유」, 《아시아경제》, 2022년 7월 21일 | 「예보적중률을 높이는 기술, 이상기후에 대응하다」, 《사이언스타임스》, 2021년 7월 16일 | 「기상청 오보청 논란, 왜 끊이지 않나」, 《문화일보》, 2020년 9월 1일 | 「기후 불확실성의 시대, 기상청이 나아가야 할 방향은」, 《한대신문》, 2020년 8월 28일 | 「기상청 또 틀렸네 장마철 비 예보 맞히기 더 어려운 이유」, 《한국일보》, 2020년 7월 25일 | 「날씨 예측이 그렇게 어렵습니까? 첫걸음 뗀 한국형 모델」, KBS, 2020년 9월 17일 | 「일기예보를 정확하게 예측하지 못하는 이유」, 《YTN사이언스》, 2019년 9월 5일 | 「예보는 어떻게 만들어질까?」, 기상청 블로그, 2020년 9월 11일 | 「실검에 등장한 노르웨이 기상청… 기상망명족이 선택한 해외 날씨 앱은?」, MBC, 2020년 8월 11일 | 「예측불허한 기상이변, 빈번한 극단기후」, 《YTN사이언스》, 2021년 7월 2일

Sea Level Change (mm)

250

200

150

100

50

0

1,7 mm/yr

지구의
마지막 신호

1880　1900　1920

ly averaged sea level has

사라지는 도시

지상 낙원을 방불케 하는 아름다운 섬.

고기를 잡거나 농사를 지으며 8대째 대를 이어 살아온

사람들 그리고 아이들.

하지만 이젠 그런 모습은 없다.

"제가 다섯 살 때 태풍이 집을 쓸어버리고 난 후부터

트레일러에 살고 있어요."

— 헤더, 섬 주민

허리케인이 올 때마다 어김없이 침수되어

섬으로 난 유일한 도로가 잠겨 고립되는 위태로운 섬.
해수면 상승의 직격탄을 맞은 이곳은 미국 루이지애나주에
자리한 진 찰스 섬Isle de Jean Charles이다.

진 찰스 섬은 한 시간마다 미식축구장 크기의 땅이 잠기고
있고, 60년 동안 98퍼센트의 땅이 사라졌다. 정원이었던
곳은 이제는 보트를 타고 다녀야 하고, 바닷물이
들어오면서 나무들은 서서히 죽어가고 있다. 한 세기 동안
다른 지역의 해수면이 2센티미터 상승할 때 이 지역은 무려
1미터나 상승했다. 진 찰스 섬이 상습 침수 위기에 놓이자
정부는 법으로 주택 개조를 규정했다. 집은 수상가옥의
형태로 지어 1층은 비우고 2층에 생활공간을 마련하는
식이다. 하지만 갈수록 파도가 높아지면서 대피하는 날이
점점 더 잦아졌다.

"최근에는 한 주에 두 번 대피하는 날도 있었어요."
— 테레사, 섬 주민

미국 정부는 더 이상 사람이 살 수 없다는 판단에
섬 주민 전체를 대상으로 집단 이주를 결정했다.

지구온난화로 미국 최초의 기후난민이 된 사람들.

기후변화에 관한 정부 간 협의체에 따르면
30여 년 후 기후난민 숫자는 2억 5,000만 명에 달할 것으로
추산하고 있다.

"만약 지금보다 1도가 더 오른다면 전 세계의 해안 도시들은
모두 사라지게 될 겁니다."

― 벤저민 슈트라우스Benjamin Strauss, 기후과학자

참고 자료

『IPCC 제5차 평가 보고서』, 2013

기후난민을 선택한 사람들

극심한 기후변화로 인한 사막화로
모래바람과 미세먼지로 뒤덮인 지구,
그곳에서 유일한 마지막 식량인
옥수수에 의지해 살아가는 인류.
생존의 마지막에 다다른 인류는 결국
지구를 대체할 다른 행성을 찾아 헤매게 된다.

영화 〈인터스텔라〉의 이야기는 더 이상 상상 속 미래의 이
야기가 아니다. 급격한 기후변화로 인해 평균기온과 해수면이
상승하고, 예측할 수 없는 재난이 날로 빈번해지면서 2019년
에만 2,490만 명의 강제 실향민이 발생했다. 전쟁 난민인 860만
명보다 세 배 많은 규모다. 우리나라의 40퍼센트에 달하는 인
구가 매년 기후변화로 고향을 떠나는 셈이다. 이처럼 기후변
화로 인한 자연재해, 생태학적 환경의 변화로 강제로 살던 곳
을 떠나게 된 사람들을 일컬어 기후난민 또는 기후변화로 인

한 강제 실향민이라 부른다.

국토의 대부분이 물에 잠겨 세계 최초로 기후난민의 길을 택한 나라가 있다. 남태평양 한가운데 있는 아름다운 섬, 투발루다. 투발루는 하와이와 호주 사이에 위치해 있는, 아홉 개의 섬으로 구성된 산호초 섬 국가다. 1993년 이후 해수면이 9센티미터 이상 상승하면서 아홉 개의 섬 중 두 개의 섬이 바닷속에 잠겼고, 나머지 섬도 같은 위기에 처해 있다. 투발루의 평균 해발고도는 3미터 정도로 낮고 지형이 평평해 만조가 시작되면 대부분의 지역이 해수면과 수평이 된다. 여기에 매년 0.4센티미터씩 물이 차오르고 있어 주민들의 터전은 매일 조금씩 좁아지고 있다.

차오르는 물을 막기 위해 방조제를 쌓고 염분에 강한 맹그로브를 심어 사투를 벌여왔지만 해수면 상승을 막지는 못했다. 여기에 바닷물이 지반을 잠식하면서 지하수와 토양 속 염분 농도가 높아지는 염수화마저 진행 중이다. 더 이상 작물을 심을 수 없게 되자 주민들은 자급자족하던 삶의 방식을 버리고 식재료와 생수를 수입해 식량난을 극복하고 있다. 하지만 언제까지 버틸 수 있을지 장담할 수 없다. 결국 투발루는 2013년 국가 위기를 선포하고 국민들은 잠겨가는 고향을 뒤로한 채 기후난민의 길을 선택했다.

30여 년 후
기후난민 숫자는
2억 5,000만 명에
달할 것으로 추산하고 있다.

산업혁명 이후 대기 중 이산화탄소 농도는 35퍼센트 이상 증가했고, 세계 이산화탄소 배출량은 매년 최고치를 경신하고 있다. 만약 지금처럼 온실가스를 계속 배출한다면 2100년에는 해수면이 1.1미터 상승함에 따라 뉴욕, 상하이, 뭄바이, 베네치아 등도 물에 잠기게 될 것이란 예측도 있다. 전 세계 인구의 41퍼센트가 해안가에 인접해 살고 있고, 대도시 3분의 2가 바다와 인접한 저지대인 만큼 해수면이 상승하면 결국 저지대 도시들도 수몰 위기를 피할 수 없을 것이다.

기후변화에 관한 정부 간 협의체에 따르면 2050년 해수면 상승으로 인해 삶의 터전을 잃는 기후난민은 약 2억 5,000만 명에 다다를 것이라고 전망했다. 투발루 역시 2060년에는 남아 있는 모든 섬이 수몰돼 1만 2,000명의 국민 전체가 기후난민이 될 위기에 놓여 있다. 몰디브와 마셜군도 등 태평양에 위치한 22개 섬나라 국민들의 삶도 다르지 않다. 벌써 해당 지역에서만 700만 명의 기후난민이 발생했다. 이에 더해 기후변화 때문에 개발도상국에서만 최대 1억 명 이상의 빈곤층이 발생할 것이라는 전망도 나오고 있다. 인간의 편리한 삶을 대가로 점점 사라지고 있는 투발루, 어쩌면 얼마 남지 않은 우리의 미래에 보내는 지구의 간절한 메시지일지 모른다.

"기후변화로 인한 강제 실향을 막기 위해서는
지금부터 노력해야 한다.
가만히 앉아 재난이 오기만을 기다릴 수는 없다."

— 필리포 그란디 Filippo Grandi, 유엔난민기구 최고 대표

📖 참고 자료

〈하나뿐인 지구-지구의 경고, 온난화 난민〉, EBS, 2015년 9월 18일 | 「기후난민 확산, 나라 안 따진다」, 《경향신문》, 2021년 8월 15일 | 「기후재앙 투발루 장관 수중연설… 물에 잠겨도 국가 인정받나요?」, 《연합뉴스》, 2021년 11월 10일 | 「물에 잠기는 지구-①온실가스와 환경난민」, 《아시아경제》, 2019년 12월 4일 | 「강제 이주에 관한 글로벌 보고서(2020 Global report on internal displacement)」, IDMC, 2020 | 「기후 변화가 가져온 비극… 강제 실향과 난민」, 유엔난민기구 공식 블로그, 2021년 5월 18일

바닷속 하얀 죽음, 백화현상

푸른 바다, 그 밑을 수놓은 산호초들은 더 이상 우리가 알고 있는 형형색색의 모습이 아니다. 전 세계 바닷속 산호초가 고유한 색을 잃고 하얗게 변해 죽어가는 백화현상Coral Bleaching을 겪고 있기 때문이다. 길이 2,300킬로미터에 이르는 호주 북동부 해안에 있는 대산호초의 91퍼센트, 일본 오키나와 산호초의 75퍼센트, 동남아 산호초의 경우 95퍼센트가 위험에 처해 있다. 이미 전 세계 산호초의 70퍼센트가 피해를 입은 상황에서 2100년이면 모든 산호초가 완전히 사라질 것이라는 우려의 목소리가 짙다.

산호초를 식물로 아는 사람이 많지만, 실제로 산호초는 해파리나 말미잘처럼 강장과 입, 촉수를 가진 자포동물이다. 햇빛이 풍부하고 수온이 높은 열대 바다에서 주로 서식하는데 산호충들의 골격과 분비물이 켜켜이 쌓여 산호초를 형성한다. 산호초 지대는 바다의 열대우림이라 불릴 만큼 산소 함량이 높고 먹이가 풍부해 해양 어류의 3분의 1이 이곳에서 함께

살아가고 있다. 산호초에서 서식하는 물고기만도 1,500여 종이 넘는다. 그런데 산호초가 백화현상으로 인해 황폐해지면서 해양 생태계에 막대한 영향을 미치고 있다. 이는 산호초와 어류 개체 수의 감소로 이어져 전 세계적인 어업 활동과 관광 산업에도 부정적인 영향을 끼치고 있다.

전문가들은 산호초 백화현상의 원인으로 지구온난화에 따른 해수 온도의 상승 탓이 크다고 지적한다. 온실가스는 대기층에 열을 가둬 지구를 뜨겁게 달구고, 갇힌 열에너지의 95퍼센트는 고스란히 해수에 전달된다. 해수 온도는 지난 75년간 꾸준히 상승해 100년 전보다 1.5도 올랐다. 수만 년을 견뎌온 산호초도 갑작스러운 변화에 적응할 새 없이 위협에 노출된 것이다. 산호초가 생장하기 알맞은 온도는 20도에서 28도인데 수온이 30도 이상 유지될 경우, 산호초의 몸속에 살면서 양분을 공급하고 색을 내는 공생조류(갈충조)가 빠져나가게 된다. 이때 조류 세포가 완전히 빠져나가면 하얗고 딱딱한 탄산칼슘 골격만 남게 되는데, 이것이 바로 백화현상이다. 만일 백화현상으로 산호초가 더 이상 보금자리의 역할을 하지 못할 경우 수천 종의 해양 생물들은 서식지를 잃고, 먹이사슬의 고리를 따라 점차 다른 종들도 사라지게 될 것이다.

백화현상은 해수의 산성화에도 영향을 끼친다. 인류가 배출한 이산화탄소가 바닷속으로 다량 녹아들면서 알칼리성이 점점 약해지고 있다. 실제 전 세계 바다는 이미 산업혁명 이전보다 30퍼센트 더 높은 산성도를 띠고 있다. 이렇게 해양의 산성화가 진행되면 산호의 외골격을 만드는 탄산칼슘 형성을 방해해 산호초의 성장과 회복력을 늦춘다.

비록 경고는 시작됐지만 낙담할 필요는 없다. 수온과 수질 오염 등 스트레스 요인이 사라지고 충분한 시간이 주어지면 다시 회복할 수 있기 때문이다. 기후 전문가들은 산호초의 백화현상을 '탄광 속 카나리아'라고 부른다. 백화현상은 죽기 전 보내는 마지막 구조 신호(SOS), 우리에게 주어진 마지막 기회일지 모른다.

"우리 모두는 백화현상에 직면한
생물을 보존하기 위해서 노력해야 한다."
— 제니퍼 코스 Jennifer Koss, 국립해양대기청 연구원

📖 참고 자료

〈붉은 지구-침묵의 바다〉, KBS 다큐인사이트 | 「아름다운 산호의 근황」,《환경일보》, 2021년 8월 11일 | 〈지구온난화로 인한 파국의 첫 단계 산호초 백화현상〉,《내셔널지오그래픽》, 2019년 6월 9일 | 「기후재앙 눈앞에 보다」,《중앙일보》. 2020년 9월 30일 | 「바다의 허파 산호초가 죽어간다」,《한국일보》, 2016년 6월 25일 | 「바다 온난화…2100년 바다 산호가 모두 사라진다」,《중앙일보》, 2018년 6월 6일 | 「더욱 악화되고 있는 산호초 백화현상」,《지속가능저널》, 2017년 10월 30일

대한민국 기후위기 —————————

한국의 기후변화대응지수 세계 최하위 수준

걱정 많은 대한민국

걱정 많은 이들은 오늘도 머릿속이 복잡하다.
'내가 산 주식이 떨어지면?'
'연말에 금리를 올린다는데?'

그런데, 스페인, 프랑스, 이탈리아, 독일 등
수많은 나라들이 걱정하는 기후변화에 대해서
우리는 왜 유난히 둔감한 걸까?

'한국의 기후변화대응지수CCPI 세계 최하위 수준.'
—『기후변화대응지수 보고서』, 2020년

『2050 거주불능 지구』의 저자 데이비드 월러스 웰스David Wallace-Wells는 기후변화는 우리가 안정적이라고 생각했던 모든 것을 격렬하게 뒤집을 것이며 집은 무기로, 도로는 죽음을 부르는 덫으로, 공기는 독약으로 바뀔 것이라고 경고한다.

기후변화로 인한 재앙은 더 이상 먼 미래의 일이 아니다. 지금 아장아장 걷는 아이가 고등학생이 될 때쯤이면 여름철 북극의 얼음은 완전히 사라질지도 모른다. 9년 후면 인천공항은 물에 잠길지도 모른다.

우리가 정말 걱정해야 할 것은 지구가 아닌, 우리 자신일지도 모른다.

ⓘ 참고 자료

「한국인은 걱정 왕, 코로나 확진자 제일 적은데도 걱정은 14개국 중 1위」, 《중앙일보》, 2020년 9월 9일 | 「韓의 코로나 대응, 기후변화에도 적용돼야?」, 《이웃집과학자》, 2020년 3월 16일

대한민국 기후위기 현 주소

 기상청에서 발간한 『이상기후 보고서』에 따르면 2022년 한반도는 유례없는 열대야와 폭염, 가뭄, 폭우, 태풍 등을 경험했다. 유희동 기상청장은 2022년을 두고, '기후변화를 넘어 기후위기 상황이 다가왔음을 깨닫게 된 해'라고 이야기한 바 있다. 충격적인 것은 호주 기후위험 분석업체 엑스디아이 XDI가 발표한 '2050년 기후위기로 피해를 입을 전 세계 상위 100개 지역' 중에서 경기도가 66위에 이름을 올렸다는 사실이다. 21세기 말에는 우리나라의 사계절이 삼계절로 바뀔 수 있다는 분석까지 나오고 있다. 기온 상승으로 인해 봄은 일찍 시작되고 겨울은 지구상에서 사라질지도 모르는 지금, 기후위기는 점점 더 눈앞에 직면한 현실이 되어가고 있다.

 대한민국 정부는 구체적인 방안을 제시하기 위해 기후위기위원회를 만들었고, 그린뉴딜 구상도 발표했으나 여전히 해소되지 않은 부분이 많다. 2050년까지 탄소중립을 이루어야 한다는 확실한 목표 대비 사회와 개인이 무엇을 해야 할지, 실

기온 상승으로 인해 봄은
일찍 시작되고 겨울은
지구상에서 사라질지도
모르는 지금, 기후위기는
점점 더 눈앞에 직면한
현실이 되어가고 있다.

제 실천까지 이루어지고 있는지는 명확하지 않은 까닭이다.

실태가 궁금했던 《시사IN》은 한국리서치와 함께 기후위기에 대한 대규모 조사를 실시했다. 추리고 추린 문항만 290여 개에 달했다. 온라인 웹조사를 통해 872만 명의 응답을 받아 『2022 대한민국 기후위기 보고서』를 발표했다. 그 안에서 기후위기에 대한 한국의 현 주소를 확인할 수 있었다.

가장 주목해야 할 것은 인식에 대한 부분이었다. '기후위기를 자신의 일처럼 여긴다'는 답변이 64.5퍼센트, 기후위기의 원인이 '인간 활동 탓'이라는 답변이 86.7퍼센트에 달했다. 현재 지구가 심각한 기후위기 상황에 처해 있다고 생각하는 응답자도 88.6퍼센트나 되었다. 하지만 특단의 대책이 필요하다는 데에는 26.3퍼센트만이 동의했다.

실천에 대한 부분은 어떨까. 가장 응답률이 높은 실천 방식은 '일회용품 줄이기(84.1퍼센트)'였다. '자동차 이용 줄이기(74.7퍼센트)', '배달 음식 줄이기(65.8퍼센트)', '육식 줄이기(44.5퍼센트)'가 뒤를 이었다. 동시에 일회용품이나 배달 음식을 줄이기 위해 노력을 하지 않는다는 비율도 각각 15.9퍼센트, 34.2퍼센트로 적지 않았다. 기후위기에 대한 대응은 시급한 현재진행형의 과제임에도 개개인마다 그 민감도는 크게 차이가 났다.

더불어 기후위기 때문에 자녀를 출산하지 않겠다고 응답한 사람이 20퍼센트 가까이 있었다는 것도 주목해야 할 부분이다. 이들의 응답을 보면 기후위기가 한국 출산율에도 일부 영향을 미친다는 해석이 가능하다. 보고서를 발행한 《시사IN》은 기후위기를 국가 최고의 의제로 끌어올릴 명분이 될 수 있을 것이라고 보고서를 평가했다.

📖ⓘ 참고 자료

「2022 대한민국 기후위기 보고서를 공개합니다」, 《시사IN》, 2022년 1월 10일 | 「시민들은 기후위기 심각성 언제 가장 체감할까」, 《뉴스펭귄》, 2023년 4월 14일

생활에 스며든
환경오염

POLLUTION

e - m a i l

이메일을
지워주세요

CO_2

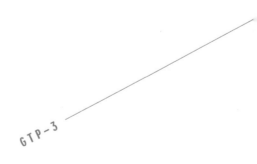

GTP-3

메일함을 정리하자

정리하지 않은 채 방치해둔 메일함.

하루에도 수십 번 오가는 메일.

동영상을 보기 위해 사용하는 데이터까지.

습관적으로 하는 행동으로 인해

많은 에너지가 낭비되고 있다는 것을

우리는 얼마나 알고 있을까?

사실 알고 있다는 것만으로도

우리는 지구를 위해 꽤 많은 일을 해낼 수 있다.

이메일을 사용하는 전 세계 23억 명이 각자 이메일 50개를
지운다면 27억 개의 전구를 한 시간 동안 끄는 것만큼의
에너지를 아낄 수 있다.

자주 검색하는 사이트는 북마크를 해두고
영상을 볼 때 자동 재생을 끄는 것만으로도
데이터로 인해 발생하는
이산화탄소 발생량을 줄일 수 있다.

지구의 내일이 염려되는가?
아주 작은 것부터 실천해보고 싶은가?
일단 꽉찬 메일함을 정리하자.

참고 자료

〈이메일 한 통의 나비효과, 메일함만 비워도 이산화탄소가 줄어들어요〉, 환경부 공식 블로그, 2020년 6월 10일

영상을 볼 때마다 더워지는 지구

온라인 동영상을 보는 것만으로도 탄소가 발생한다? 프랑스 비영리 환경단체인 시프트프로젝트는 온라인 동영상을 30분간 재생할 때 무려 1.6킬로그램의 이산화탄소가 발생한다는 연구결과를 발표했다. 이는 자동차로 6.3킬로미터를 운전했을 때 발생하는 이산화탄소와 같은 양이다. 영화나 드라마 한 편을 본 것뿐인데 도대체 어디서, 어떻게 탄소가 배출되고 있는 걸까?

원인은 데이터센터에 있다. 데이터센터는 검색, 클라우드, 온라인게임, VOD 등 온라인상의 모든 데이터를 저장하고 전송하는 시설이다. 우리가 영상을 클릭하면 데이터센터에 저장된 자료가 실시간으로 전송돼 재생된다. 넷플릭스와 같은 VOD 스트리밍 사이트는 물론 글로벌 IT 기업부터 국내 통신사와 포털사이트에 이르기까지 다양한 기업이 세계 곳곳에 있는 데이터센터를 이용한다. 이런 데이터센터는 전 세계의 데이터를 보관하고 전송하기 위해 24시간 365일 내내 가동되는데, 이때 대규모 전력을 소비한다. 이런 전력은 데이터를 보관하고 전송하는 과정에도 소비되지만 데이터센터 내 장비가 뿜어내는 열기를 식히는 데 훨씬 더 많은 에너지를 소비한다. 그린피스는 2020년 세계 데이터센터 에너지 사용량을 연간 1조 9,730억킬로와트시로 추산했다. 무려 우리나라 1년 전기 사용량의 4배에 달하는 양이다.

이메일을 전송하거나 포털사이트를 사용하는 등 모든 인터넷 서비스가 데이터센터를 통해 운영되지만 유독 영상 시청을 꼬집는 이유는 왜일까? 시프트프로젝트의 연구 결과에 따르면 영상 데이터가 인터넷 트래픽의 80퍼센트를 차지할 만큼 영상으로 소비되는 데이터 양이 압도적이기 때문이다. 게다가 고화질 영상(4K)이 제공되면서 기존의 HD보다 30퍼센트 더 많은 에너지가 필요해졌다. 2030년에는 동영상 스트리밍만으로 전 세계 전력의 최대 4.1퍼센트를 소비할 것이란 예측도 있다. 에너지 소비가 탄소 배출로 고스란히 이어지는 셈이다.

여기에 챗GPT 열풍으로 인공지능이 급성장하면서 탄소 배출도 덩달아 폭증하고 있다. 최근 발표된 스탠퍼드대학교의 『인공지능 인덱스 보고서』에 따르면 GPT-3는 훈련 과정에서 1,287메가와트시의 전기를 소비해 약 502톤에 달하는 탄소

GPT-3는 훈련 과정에서
1,287메가와트시의 전기를
소비해 약 502톤에 달하는
탄소를 배출했다.
이는 전 세계 사람이
100년간 배출하는
양으로 2020년 기준
한국인이 1인당
배출하는 양의
43배에 달한다.

GPT

Capabilities

를 배출했다. 이는 전 세계 사람이 100년간 배출하는 양으로 2020년 기준 한국인이 1인당 배출하는 탄소 양(11.6톤)의 43배에 달한다.

문제는 이뿐만이 아니다. 에너지 소비 못지않게 물 소비량이 상당하다. 인공지능 업체의 데이터센터 역시 열을 식히는 데 다량의 물을 사용한다. 실제 GPT-3를 훈련시키는 데 약 70만 리터의 물을 썼을 것으로 추정하고 있다. 이는 전기자동차 320대를 생산하는 데 들어가는 물과 맞먹는 양이다. 데이터센터에서 사용하는 용수는 부식이나 박테리아 번식을 막고 습도 조절을 위해 식수나 재처리 하수 등 깨끗한 담수를 사용해야 하는데 이는 담수 부족의 문제를 부추기고 있다. 챗GPT 사용자가 1억 명을 넘어서는 시점에서 생성형 AI가 더 생긴다면 앞으로 상황은 심각해질 수밖에 없다.

이에 사람들은 챗GPT에 '데이터센터 운영에 대한 온실가스 배출 문제'를 질문했다. 이에 챗GPT는 '데이터센터는 에너지 소비가 높기 때문에 환경에 부정적인 영향을 미칠 수 있다. 데이터센터의 환경적 영향을 줄이기 위해서는 에너지 효율성을 높이고 풍력 및 태양광과 같은 재생 가능 에너지원을 사용하는 것이 중요하다. 또한 효율적인 냉각 시스템, 서버 가상화, 모델 크기 줄이기, 배출된 온실가스 상쇄 프로그램

활용을 통해 에너지를 절약할 수 있다'라는 해결책도 동시에 제시했다.

인공지능도 문제를 알고 있다. 이는 곧 우리가 직면한 문제를 어떻게 극복해야 할지 답을 가지고 있다는 의미이기도 하다.

ⓘ 참고 자료

「AI 더러운 비밀… 구글보다 챗GPT가 지구에 더 나쁜 이유」, 《중앙일보》, 2023년 2월 14일 | 「대화 한 번에 생수 한 병씩… 챗GPT의 불편한 진실」, 《한겨레》, 2023년 5월 2일 | 「온실가스 배출 주범 지목된 데이터센터… 탄소중립 실현 가능할까」, 《투데이신문》, 2021년 7월 31일 | 「지구를 지키는 20가지 제안」, KBS, 2020년 11월 2일

디지털 탄소발자국을 줄이는 방법

우리는 아침에 일어나 다시 잠드는 순간까지 스마트폰을 손에서 놓지 않는다. 익숙하게 문자를 보내고 이메일을 확인하고 틈날 때마다 영상을 시청한다. 하지만 이 과정에서 엄청난 양의 디지털 탄소발자국이 발생한다는 사실을 아는 사람은 많지 않다.

탄소발자국이란 '개인 또는 기업, 국가 등의 단체가 활동을 하거나 상품을 생산하고 소비하는 과정에서 발생시키는 온실가스, 특히 이산화탄소의 총량'을 의미한다. 일상생활에서 사용하는 연료, 전기, 용품 등이 모두 이에 해당된다. 2006년 영국의 과학기술처POST가 제안해 이산화탄소의 총량을 탄소발자국으로 표시하게 되었고, 이후 스마트폰, PC, 노트북까지 포함시켜 '디지털 탄소발자국'이라고 명명하고 있다. 즉, 우리가 각종 전자기기와 네트워크 통신망을 사용할 때 배출되는 탄소 배출량을 발자국으로 상징화한 것인데, 이는 이산화탄소 등 온실가스가 얼마나 발생하는지 알 수 있는 지표가 된다.

디지털 탄소발자국이 지구온난화의 주범이 되고 있다는 사실이 알려지면서 다양한 변화가 나타나고 있다. 각국의 기업들은 디지털 시대의 중심이 되는 데이터센터 운영의 전력량을 줄일 수 있는 방안을 다양하게 모색하고 있다. 그중 하나가 바로 데이터센터의 위치를 옮기는 것이다. 페이스북은 북극과 가까운 스웨덴 루레아에, 마이크로소프트는 바닷속에 데이터센터를 설립했는데, 이는 온도가 낮은 곳에 설치해 자연냉방의 도움을 받기 위해서다. 네이버는 전국에서 평균기온이 가장 낮은 강원도 춘천의 찬바람을 이용해 데이터 냉각에 필요한 에너지를 줄이고 있다.

기업의 노력만큼이나 중요한 것이 개개인의 일상 속 작은 실천이다. 하버드대학교의 로스쿨 에너지 관리자에 따르면 컴퓨터의 모니터 밝기를 30퍼센트 줄이는 것만으로도 사용하는 에너지의 20퍼센트까지 절약할 수 있다고 한다. 기기 충전이 완료된 후에는 꼭 충전기를 뽑아두고, 사용하지 않는 모니터나 프린터는 전원을 꺼두는 것이 전력량을 줄이는 데 도움이 된다.

영상을 시청할 때, 특히 스트리밍 서비스를 사용할 때는 기존의 습관을 바꾸려는 약간의 노력이 필요하다. 인터넷에서 발생하는 트래픽의 상당 부분을 차지하는 스트리밍은 미리

스마트폰을 새로
만드는 데 발생하는
이산화탄소의 양은
스마트폰을 10년 간
사용하는 것과 같다.

다운로드해두는 습관만으로도 꽤 많은 양의 에너지를 절약할 수 있기 때문이다. 특히 스마트폰처럼 작은 화면을 통해 스트리밍 서비스를 이용할 경우, 해상도를 낮춰서 보는 것도 작은 실천이 될 수 있다.

무엇보다 스마트폰의 교체 시기가 눈에 띄게 짧아진 요즘, 전자 폐기물 발생을 줄이기 위한 노력도 필요하다. 스마트폰을 새로 만드는 데 발생하는 이산화탄소의 양은 스마트폰을 10년 간 사용하는 것과 같으므로, 큰 문제가 없다면 기존의 스마트폰을 수리해 사용하는 것이 바람직하다. 이처럼 디지털 탄소발자국을 줄이기 위한 방법은 무수히 많지만, 그보다 더 중요한 것이 있다. 『두 번째 지구는 없다』의 저자인 타일러 라쉬는 다음과 같이 말한다.

"주변에 있는 사람들에게 함께 탄소발자국을 줄이자고 이야기를 해주세요. 조직 생활을 하고 있다면 회사 안에서도 얘기해주시고, 학생이라면 학교에서도 이야기를 해주세요. 실천할 수 있는 방법은 이미 다 나와 있어요. 이제 행동할 것이냐, 말 것이냐만 결정하면 됩니다."

📖 참고 자료

타일러 라쉬, 『두 번째 지구는 없다』, 알에이치코리아, 2020 | 「내가 '이것'을 목숨 걸고 알리는 이유」, 세바시 1357회, 2020년 4월 24일 | 「당신이 넷플릭스, 유튜브 같은 영상 볼 때마다 환경이 오염되는 이유」, 스브스뉴스, 2020년 1월 18일

장항제련소가
남긴 것

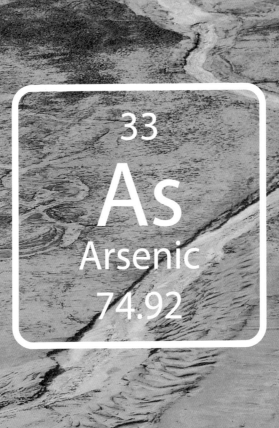

33

As

Arsenic

74.92

돌이킬 수 없는 땅

산 위에 올라가면
장항제련소 굴뚝의 연기가
하늘에 나래 편
커단 새같이만 보였었지

— 나태주, 〈막동리를 향하여〉 중에서

이 시에는 1936년 일제강점기 충청남도 장항읍에 세워진
조선제련주식회사에 대한 시인의 꿈과 그리움, 희망이
담겨 있다. 이곳은 일제강점기에는 전쟁 자금에 필요한
금을 확보하기 위해 세워졌지만, 해방 이후 장항제련소로

개명되면서 금, 구리, 납 등을 생산하는 국내 유일의
비철금속제련소가 되었다.
생산량이 늘자 장항읍의 인구도 3만 명을 훌쩍 넘어섰다.
당시 장항제련소에 다니던 젊은이들은 1등 신랑감으로
꼽혔고, 학생들은 제련소를 구경하기 위해 소풍을 왔다. 일
년 내내 연기를 내뿜는 높은 굴뚝은 마을의 자랑이었다.

그러나 조금씩 마을에 이상한 변화가 일어나기 시작했다.

"아침에 꼴을 베어다가 소에게 먹였더니 나동그라지는
겁니다. 동네 다섯 마리 소가 다 그래요."

"마파람이 불면 굴뚝에서 나온 재가 떨어져요.
공기도 탁하고 냄새도 많이 나는데 지나가고 보면 작물이
죽어 있어요. 이파리가 노랗게 되어서요."

환경조사 결과, 장항제련소 반경 4킬로미터 내의 토양에서
기준치를 훌쩍 넘은 비소가 확인됐다. 2007년 마을에서
생산된 벼와 대파에서는 허용 기준 이상의 카드뮴과 납이
검출됐다. 국립환경과학원은 제련소 주변에 거주하는

주민이 납과 카드뮴 등의 중금속에 만성적으로 노출될 수 있으며, 카드뮴에 의한 신장 기능 손상 가능성을 배제할 수 없다고 밝혔다. 결국 이 지역의 모든 경작이 금지되었고 지역 주민들은 이주를 결정했다.

이후 오염 물질을 제거하기 위한 대규모 정화 작업에 약 2억 9,000억 원의 비용과 15년의 시간을 투자했지만, 예전으로 돌아가기 위한 노력은 여전히 진행 중이다.

"우리는 땅을 우리에게 속한 필수품으로 여기고 남용한다.
땅을 우리가 속해 있는 공동체로 바라볼 때
우리는 사랑과 존경으로 그 땅을 사용할 수 있다."

— 알도 레오폴드Aldo Leopold, 환경학자

📖ⓘ 참고 자료

「구 장항제련소 주변 토양오염 개선 종합대책」, 환경부, 2009 | 「(구)장항제련소 주변 지역 주민건강 영향조사」, 국립환경과학원, 2008 | 허정균, 「장항제련소가 남긴 것」, 《녹색평론》, 제110호, 2010년 1-2월호

폐허의 섬에서 예술의 섬으로

일본 오카야마현과 가가와현 사이, 세토 내해에는 나오시마直島라는 이름의 작은 섬이 있다. 둘레 16킬로미터에 3,300명 정도가 살고 있는 이 섬 곳곳에는 아름다운 작품들이 전시되어 있어, 자연과 현대미술이 공존하는 것으로 유명하다. 현재는 섬 자체가 하나의 예술 작품이라고 불리고 있지만, 불과 몇십 년 전만 해도 쓰레기 섬이라 불릴 만큼 흉물스러운 모습이었다.

1917년, 미쓰비시중공업은 이곳에 금속제련소를 세웠다. 금속제련소 덕에 섬이 활기를 띠는 듯했으나, 얼마 지나지 않아 섬 전체가 중금속 폐기물로 몸살을 앓기 시작했다. 환경이 파괴되고 제련업마저 쇠락하자, 나오시마는 산업폐기물 폐기장이 되어 누구 하나 돌보지 않는 쓰레기 섬으로 전락하고 말았다.

하지만 한 사람의 과감한 추진력으로 커다란 변화를 맞이했다. 베네세 그룹의 회장인 후쿠다케 소이치로福武總一郎는 현대미술과 도시 재건을 목표로 하는 '나오시마 재생 프로젝트'를 추진했다. 그는 공익자본주의를 바탕으로 기업 활동의 목적은 문화이며, 경제는 문화에 종속되어야 한다고 주장하는 인물이었다. 그는 이 프로젝트를 통해 현대미술과 더불어 지역 주민들이 행복을 되찾는 데 온힘을 쏟았다.

후쿠타케 회장은 나오시마를 예술의 섬으로 차근차근 탈바꿈시켰다. 이 프로젝트에는 일본 출신의 세계적인 건축가 안도 다다오安藤忠雄와 한국의 예술가 이우환, 그 외에도 많은 예술가와 기획자가 대거 참여했다. 특히 안도 다다오가 만든 지추미술관은 특유의 빛과 풍경, 조형물을 한곳에 담아낸 경이로운 건축물로, 산의 능선을 해치지 않도록 건축물 대부분이 땅속에 있어 큰 화제가 됐다. 또한 자연 친화적으로 설계되어 외관으로 봤을 때는 건축적 부피감이 거의 없지만 건물 내부에서는 자연을 오롯이 느낄 수 있다. 관람 후에는 카페에서 건축과 세토 내해의 자연을 매우 드라마틱하게 볼 수 있다. 1992년에는 미술관 식당, 호텔이 어우러진 베네세하우스 뮤지엄을 개관했다. 이후 예술가인 구사마 야요이草間彌生, 니키 드 생팔Niki de Saint Phalle 등의 손길을 거치며 나오시마는 하나의 미술관으로 거듭났다. 이후 혼무라 지구의 오래된 주택과 사찰, 신사 등을 현대미술작품으로 재생하는 작업도 이뤄졌

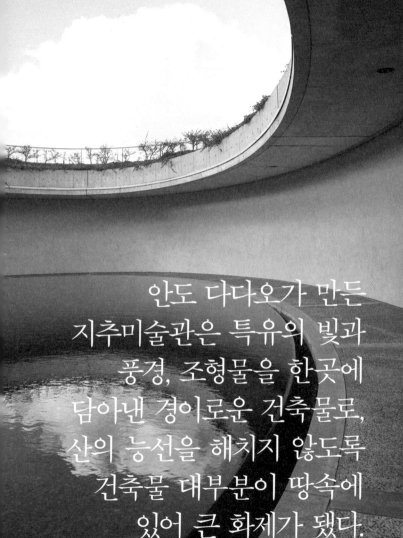

안도 다다오가 만든
지추미술관은 특유의 빛과
풍경, 조형물을 한곳에
담아낸 경이로운 건축물로,
산의 능선을 해치지 않도록
건축물 대부분이 땅속에
있어 큰 화제가 됐다.

장항제련소가 남긴 것

다. 이때 나오시마 주민들도 직접 참여했다. 이는 섬 사람들의 생활과 예술 작품이 결합해 체험 예술의 가치를 더욱 높이는 계기가 되었다고 평가받는다.

주목할 만한 부분은 기업 프로젝트에 정부, 비정부기구, 대학교, 주민들의 적극적인 협력이 있었다는 점이다. 정부는 종합 계획을 수립하고 각종 정책을 마련해 베네스 홀딩스의 기업 철학을 적극 지원했으며, 비정부기구인 나오시마관광협회는 지역의 관광 안내는 물론, 나오시마 목욕탕 관리, 공영버스 운영, 특산품 판매까지 위탁받아 운영했다. 또한 가가와 현립 대학의 학생들은 빈집을 빌려 카페를 운영했고, 부족한 식당을 확보하기 위해 직접 나서는 등 지역 경제를 살리는 데 힘을 보탰다. 섬 주민들도 이러한 활동에 적극적으로 동참했다.

폐기물로 신음하던 쓰레기 섬이 놀라운 변화를 거듭할 수 있었던 것은 수많은 사람들의 후회와 반성, 노력이 있었기에 가능한 일이었다. 오늘날에도 나오시마의 주민들은 한정된 자원과 에너지를 효율적으로 사용할 수 있는 프로젝트를 계속해서 추진하고 있다.

▣ⓘ 참고 자료

마틴 게이퍼드, 『예술과 풍경』, 김유진 옮김, 을유문화사, 2021 | 「쓰레기에 신음하던 섬에서 예술의 섬으로! 일본 나오시마 섬의 화려한 변신」, 한국환경공단 블로그, 2018년 9월 7일 | 「예술로 아름다워진 도시 이야기」, 케이옥션 브런치, 2019년 1월 22일

비닐봉지와
에코백

eco-friendly

출생의 비밀

놀랄 만큼 가볍다. 방수도 된다. 냄새를 막아주기도 한다.
비닐봉지 이야기다.

빈손으로 나가도 언제든 양손 무겁게 돌아올 수 있게
해주는 비닐봉지는 국내 한 해 약 235억 장이 사용된다.
『그린피스 보고서』에 의하면 한 해 사용한 비닐봉지를
펼친다면 한반도의 70퍼센트를 덮을 정도다. 그러나
비닐봉지를 만드는 데 1초, 사용하는 데 30분, 사라지는 데
400년이 걸린다.

비닐봉지는 바다에 버려진 뒤 일주일이면 미생물 등이 달라붙어 먹이와 비슷한 냄새가 나기 시작한다. 해파리와 닮은 생김새에 바다거북은 별 수 없이 속고 만다.

바다 생물만의 문제도 아니다. 케냐에서는 도축된 소 한 마리의 뱃속에서 비닐봉지 20개가 발견됐다. 소고기 오염을 우려한 케냐는 10년간의 진통 끝에 비닐봉지 사용을 전면 금지했다. 제작과 수입도 금지시켰다. 이를 제작하거나 수입하다 적발되면 최대 징역 4년, 한화로 약 4,000만 원의 벌금을 물어야 한다.
국토의 3분의 2가 홍수로 잠겼던 방글라데시는 하수구를 막은 비닐봉지 때문에 도시가 범람했고, 아프리카에서는 비닐봉지 때문에 말라리아 감염 위험이 더 높아졌다. 비닐봉지가 배수를 막거나 물 웅덩이를 만들어 모기를 키워냈기 때문이다.

비닐봉지는 원래 환경을 위해 태어났다. 비닐봉지는 종이봉투를 만들기 위해 베어지는 수많은 나무들을 지키기 위해 탄생했다. 스웨덴의 공학자 스텐 구스타프 툴린Sten Gustaf Thulin은 환경문제를 두고 볼 수 없어 가볍고 튼튼한 비닐봉지를 발명했다.

그는 좋은 의도로 비닐봉지를 발명했지만 그 결과는
비극으로 남았다.
스텐 구스타프 툴린의 아들은 이렇게 말했다.

"아버지는 사람들이 비닐봉지를 한 번만 쓴다는 것을 알면
이상하다고 하실 거예요.
아버지는 항상 비닐봉지를 접은 채로 주머니에 가지고
다녔습니다."

참고 자료

「악의 축 비닐봉지를 금지하라」, 《경향신문》, 2017년 10월 5일 | 「환경 지키려 샀는데… 텀
블러 에코백의 배신」, 《머니투데이》, 2019년 6월 16일 | 「국내 연간 비닐봉지 사용량 235억
개… 한반도 70% 덮는 양」, 《헤럴드경제》, 2020년 1월 4일 | 「비닐봉지를 해파리로 오인?
바다거북 플라스틱 냄새에 끌려」, 《한겨레》, 2020년 3월 10일 | 「How plastic bags were
supposed to help the plant」, BBC News, 2019년 10월 20일

"아버지는 사람들이
비닐봉지를 한 번만 쓴다는
것을 알면 이상하다고
하실 거예요.
아버지는 항상 비닐봉지를
접은 채로 주머니에
가지고 다녔습니다."

에코하지 않은 에코백

최근 일회용 종이가방과 비닐봉지 사용을 제한하는 정부 정책이 시행되면서 친환경 소비는 트렌드로 주목받고 있다. 그중 가장 대중적인 아이템이 바로 에코백이다. 비닐봉지 사용을 줄이기 위해 구매하기도 하지만 증정용으로 받은 것 하나쯤은 집집마다 있기 마련이다. 하지만 실용을 넘어 취향을 표현하는 패션 아이템이 되다 보니 손이 가지 않는 에코백은 옷장 속에 쌓여가기 십상이다. 그런데 에코백이 이름만큼 에코ECO하긴 한 걸까?

얼핏 보면 에코백은 실용과 패션, 두 마리 토끼를 모두 잡은 듯 보이지만 원래 취지대로 환경을 보호하려면 하나를 오래 써야 한다. 석유로 비닐을 만드는 것보다 목화로 면을 만드는 데 훨씬 많은 자원이 들기 때문이다. 또 천연 면화 대신 합성섬유나 나일론을 섞어 만드는 경우가 많아 자연 분해되기까지 긴 시간이 걸리고, 버려질 경우 재생하기도 어려워 현재는 일반쓰레기로 분류돼 소각되거나 매립된다. 즉, 에코백을 구비해놓고 사용하지 않으면 비닐봉지만큼 심각한 환경 문제로 이어질 수 있다. 영국 환경청의 연구에 따르면 고밀도폴리에틸렌HDPE 비닐봉지와 비교했을 때 면 재질의 에코백은 131번을, 저밀도폴리에틸렌LDPE 비닐봉지와 비교하면 에코백을 7,100번 재사용해야 친환경 효과를 기대할 수 있다. 유기농 면으로 만든 에코백이라면 2만 번 이상 재사용해야 한다.

그런데 에코백은 지나치게 많이 생산되고 있다. 인쇄가 쉽고 제작 단가가 낮은 데다 친환경적인 이미지를 구축하기 위한 마케팅 수단으로 사용되면서 에코백이 남용되고 있다. 에코백 말고도 다회용 장바구니, 니트백 등 친환경 굿즈라는 명목으로 배포하는 브랜드가 늘었다. 하지만 대부분 홍보를 위해 무료로 배포하는 경우가 많아 대체로 품질이 낮고 홍보 문구 때문에 활용도마저 저조한 상황이다. 《여성신문》의 설문조사에 따르면 여성 1인당 평균 6개 이상의 에코백을 소유하고 있고, 이중 4개가 사은품으로 받았다고 답했다.

친환경이 아니면서 친환경적인 것처럼 꾸미거나 속여 이득을 취하는 것은 분명한 그린워싱Greenwashing이다. 그린워싱은 녹색Green과 세탁White Washing이라는 단어를 합친 것으로, '위장 환경주의' 또는 '녹색 거짓말'이라는 의미를 담고 있다. 친환경적이라는 일부 속성에 기대 실제 환경에 끼치는 여파

에코백을
7,100번 재사용해야
친환경 효과를
기대할 수 있다.
유기농 면으로 만든
에코백이라면
2만 번 이상
재사용해야 한다.

를 숨기고 대대적 홍보를 하는 방식이다.

그렇다고 에코백 사용이 무의미한 것은 아니다. 2007년 영국의 패션 디자이너 안야 힌드마치Anya Hindmarch가 환경단체와 함께 진행한 프로젝트에서 '나는 플라스틱 가방이 아니야I'm not a Plastic Bag'라는 문구가 쓰인 에코백을 선보이면서 에코백이 일회용 비닐봉지의 대체제가 될 수 있음을 보여주었다. 이 캠페인은 영국에서 크게 주목받았고 에코백 열풍으로 이어져 실제로 영국의 비닐봉지 사용을 줄이는 데 큰 기여를 했다. 물론 더 오래 자주 사용한다는 전제하에 말이다.

에코백을 또 다른 소비의 대상으로만 보지 말고 원래의 취지에 맞게 많이 재사용해야 한다. 또한 여러 개의 에코백을 이미 가지고 있다면 새로 주는 에코백을 거절하는 것도 좋은 방법이다. 어쩌면 더 이상 에코백을 소유하지 않는 것이 가장 '에코'한 방법일 수 있다.

ⓘ 참고 자료

「새빨간 거짓말보다 나쁜 녹색 거짓말, 그린워싱」, SK에코플랜트, 2022년 8월 5일 | 「그린마케팅 or 그린워싱?」, 트리플라이트, 2021년 10월 29일 | 「에코백의 역설, 131번 써야 환경적」, 《그린포스트코리아》, 2021년 6월 15일 | 「당신의 에코백이 진짜 '에코'가 되려면」, 《비즈한국》, 2019년 9월 3일 | 「환경에 득이 아닌 독이 된다? '리바운드 효과' 알아보기」, 한국환경공단 블로그, 2021년 8월 31일 | 「환경을 위한 제로 웨이스트 감춰진 리바운드 효과」, 한국에너지공단, 2021년 4월 27일 | 「환경 지키려 샀는데… 텀블러, 에코백의 배신」, 《머니투데이》, 2019년 6월 16일

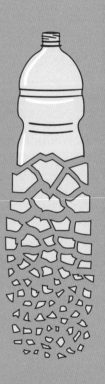

플라스틱
세상

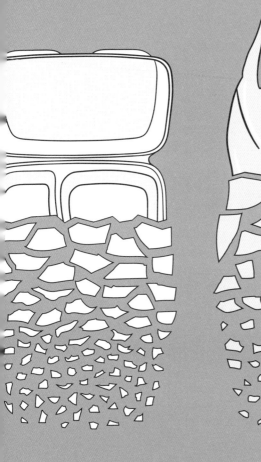
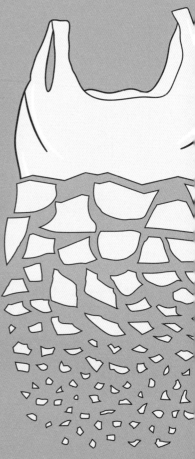

나의 종착지는 어디인가요

"플라스틱은 현대 생활의 뼈, 조직, 피부가 되었다."
— 『플라스틱 사회』 중

전 세계에서 생산된 플라스틱은 약 3억 톤 정도다.
이 중 매년 바다로 흘러가는 플라스틱 쓰레기는
약 800만 톤 정도인데 해수면에서 발견되는 양은
약 3만 5,000톤이다.
전체 유입량의 0.5퍼센트에 불과하다.
그렇다면 나머지 99.5퍼센트는 어디로 갔을까?

첫 번째 가설은, 바다로 흘러 들어갔다가 다시 해안으로
나왔다.

두 번째 가설은, 아주 잘게 부서져 작은 입자가 되었다.

세 번째 가설은, 작은 미생물이 달라붙어 바다 밑으로
가라앉았다.

네 번째 가설은, 플랑크톤이나 물고기들이 먹었다.

"플라스틱 쓰레기는 단지 미관상의 문제만이 아니라
생태계 전체를 변화시키고 있다."

— 데이비드 반스, 영국 생물학자

플라스틱 덩어리를 먹이로 착각하는 해양 동물이나 어패류,
플랑크톤에서 미세플라스틱Microplastics이 발견되었다.
미세플라스틱은 길이나 지름이 5나노미터 이하로 잘게
부서지거나 작게 생산된 플라스틱 조각을 말한다. 최근에는
식용 소금에서도 미세플라스틱이 발견되었다. 이처럼
미세플라스틱은 먹이사슬 안으로 깊숙이 파고들었다.

40명이 넘는 노벨상 수상자를 탄생시킨 플라스틱.
아름답고, 가볍고, 오래가는 플라스틱의 종착지는 과연
어디일까.

플라스틱 쓰레기는
단지 미관상의
문제만이 아니라
생태계 전체를
변화시키고 있다.

📖 참고 자료

수전 프라인켈, 『플라스틱 사회』 김승진 옮김, 을유문화사, 2012 | 「바닷속 플라스틱 알갱이 당신도 만 개씩 먹고 있다」, 《한겨레》, 2016년 8월 15일 | 「국내 해양 미세플라스틱 오염… 세계 최악」, 《그린포스트코리아》, 2015년 9월 18일 | 「We dump 8 million tons of plastic into the ocean each year. Where does it all go?」, Vox, 2015년 10월 21일 | Andres Cozar 외, 「Plastic debris in the open ocean」, PNA. 2014 | 「우리가 먹는 해산물 속 플라스틱」, 그린피스, 2016년 7월 6일

미세플라스틱 먹어도 괜찮을까

세계자연기금과 호주 뉴캐슬대학교가 공동으로 연구한 『플라스틱 인체 섭취 평가 연구 보고서』에 따르면 전 세계 사람들이 매주 평균 2,000개의 플라스틱 조각을 먹고 있다고 한다. 이를 무게로 환산하면 약 5그램 정도로, 매주 신용카드 한 장 분량의 플라스틱을 먹고 있는 셈이다. 한 달로 따지면 신용카드 50여 개에 달하는 양이다. 암스테르담대학교 연구팀의 연구 결과를 통해 성인 22명 중 17명의 혈액에서 미세플라스틱이 검출된 사실도 있었다. 우리는 도대체 어디서, 어떻게 이 많은 플라스틱을 먹게 된 걸까?

우리가 먹는 플라스틱은 미세플라스틱이다. 세안제나 치약 등에 효과를 높이기 위해 작은 플라스틱 알갱이(마이크로비즈, Microbeads)로 만들어지거나, 플라스틱이 버려진 뒤 풍화작용 등을 거쳐 잘게 깨지고 쪼개지면서 미세플라스틱이 만들어진다. 문제는 자연 발생적으로 분해돼 만들어진 미세플라스틱이 전 세계 강과 바다 그리고 지하수로 흘러 들어가 우리의 삶

깊숙이 침투하고 있다는 점이다.

체내로 유입되는 미세플라스틱의 주 섭취 경로는 식수와 음료수로 알려져 있다. 이 외에도 해산물과 소금, 맥주 등이 있다. 음식 말고도 공기 중의 미세플라스틱 입자가 호흡기를 통해 체내로 유입되기도 하고, 폴리에스테르 같은 합성 섬유를 원료로 하는 의류를 통해 유입되기도 한다. 여기에 최근 일회용 종이컵에 커피 한 잔을 마시면 무려 조 단위의 초미세플라스틱을 마시게 된다는 연구 결과까지 더해져 적잖은 충격을 주고 있다. 플라스틱 필름으로 코팅된 종이컵에 22도의 미지근한 물을 부었더니 1리터당 2조 8,000억 개의 나노플라스틱이, 100도의 뜨거운 물에서는 5조 1,000억 개의 나노플라스틱이 녹아 나왔다. 이 플라스틱은 식품 무게의 1퍼센트 미만으로 미국 식품의약처FDA의 기준을 넘지 않지만 이 결과가 인체에 해롭지 않다는 것을 의미하는 것은 아니다.

현재 미세플라스틱이 인간에게 어떤 영향을 미치는지는 정확히 알려져 있지 않다. 미세플라스틱의 성분과 크기, 모양, 표면 전극, 소수성 등에 따라 그 영향이 달라질 수 있기 때문이다. 최근 유엔식량농업기구FAO가 발표한 보고서에 따르면 포유류의 체내에서는 150마이크론 이상은 흡수되지 않지만, 3마이크론 이하가 되면 거의 모든 기관에 도달할 수 있고 흡수율 또한 7퍼센트까지 높아진다고 발표했다. 즉, 크기가 작을수록 체내에 흡수가 더 잘된다. 인체에 흡수된 미세플라스틱은 체내에서 분해되지 못하고 인체의 상피세포나 점막, 장관, 혈액을 타고 이동한다. 이때 혈관 뇌장벽, 폐, 태반 등에 직접적인 악영향을 줄 수도 있다고 한다. 비교적 크기가 큰 미세플라스틱이라도 안심할 수는 없다. 미세플라스틱으로 부서지는 과정에서 뾰족하거나 날카로운 형태가 되어 물리적인 영향을 미칠 수 있기 때문이다.

미세플라스틱이 인체에 미치는 영향에 대한 연구는 임상시험 등에서 제한이 많아 현재는 동물과 미생물 수준에서 연구가 진행되고 있다. 한국생명공학연구원 환경질환연구센터는 인체와 비슷한 기관을 가진 열대어 제브라피시 배아에 형광물질을 입힌 나노 크기의 초미세플라스틱을 노출시킨 후 체내에 얼마나 흡수됐는지를 살펴봤다. 24시간 후, 외형에는 큰 차이가 없었지만 망막과 소뇌, 척수, 근육 등 신경을 포함한 거의 모든 기관에 초미세플라스틱이 흡수 및 축적된 것을 확인할 수 있었다. 그리고 일부 세포가 미세하게 손상되면서 축적된 초미세플라스틱과 유해 물질의 독성을 증폭시킨다는 사실도 확인했다.

비록 실험실에서 수행된 아주 단편적인 연구였지만 인간

에게 부정적인 영향을 끼칠 수 있다는 가능성을 보여주었다. 지금도 플라스틱은 생산되고, 버려지고, 쌓여가고 있다. 그리고 다시금 우리의 곁으로 되돌아오고 있다.

📖① 참고 자료

「당신의 혈중미세플라틱 농도」, 《사이언스타임스》, 2022년 4월 28일 | 「나도 모르게 몸에 쌓이는 미세 플라스틱의 정체를 밝힌다」, YTN사이언스, 2020년 9월 17일 | 「엄습해오는 미세플라스틱 공포… 위해성 연구는 걸음마 수준」, 《동아일보》, 2021년 7월 5일 | 「체내 흡수되는 미세플라스틱… 유해물질과 결합 땐 독성 증폭」, 《한국경제신문》, 2019년 12월 23일 | 「KBS 시사기획 창-모르고 먹는 미세플라스틱 몇 개나 될까」, KBS, 2019년 9월 19일 | 「1인당 섭취 미세플라스틱, 매주 신용카드 1장 분량」, 연합뉴스, 2019년 6월 12일 | 「미세플라스틱의 인체건강위협」, 대한의학회, 2018년 12월 | 「미세플라스틱, 얼마나 위험한지 몰라서 더 걱정스럽다」, 《중앙일보》, 2018년 9월 29일

화학물질이
쌓인다

세상에 없던 물질

더 풍족하고, 더 깨끗하고, 더 나은 세상을 위해 개발된
물질들이 있다.
1907년에 페놀과 포름알데히드를 합성해 만든
최초의 플라스틱인 베이클라이트Bakelite.
1935년에 발명된 합성수지로, 스타킹 등을 만드는 데 쓰인
폴리아마이드(PA, 일명 나일론).
1937년에 개발되어 강력한 살충력으로 농작물 생산량을
50퍼센트까지 늘리며 농약으로 광범위하게 쓰인
DDP Dichloro-Diphenyl-Trichloroetane.

1997년, 세상에 없던 또 하나의 물질이 등장했다.
뛰어난 살균력과 피부 접촉 시 낮은 독성으로
'카펫 등의 항균 세탁용'으로 등록된
'폴리헥사메틸렌구아디닌PHMG'의 인산염.
유독물에 해당되지 않던 이 고분자 화합물은
3년 뒤, 가습기 살균제로 쓰이기 시작했다.

가습기 살균제로 인한
피해 신고자 4,486명
사망 신고자 919명
— 한국환경산업기술원, 2016년

"이 물질은 단지 공업용으로만 승인받았다.
그 후 가정용 가습기 세척제 성분이 되었지만
한국에는 그 용도에 맞는 새로운 실험을 해야 한다는
분명한 규정이 없었다."
—「수백 명을 독에 노출시킨 회사의 사과」,《미국화학학회지》

영국의 환경의학박사 베일리 해밀턴Baillie Hamilton은 다음과
같이 경고한다.

"지금까지 밝혀진 화학물질의 분명한 특성은 하나다.
체내에 들어온 화학물질 대부분은 몸에 쌓인다.
그 결과, 우리의 몸은 영구적으로 오염되고 있다."

참고 자료

박준우, 『과학기술 발전의 발자취』, 자유아카데미, 2009 | 랜덜 피츠제럴드, 『100년 동안
의 거짓말』, 신현승 옮김, 시공사, 2007 | 「가습기 살균제 건강피해사건백서」, 질병관리본
부, 2014 | 「세계 유일의 가습기 살균제가 한국인 198명 목숨을 앗아가기까지」, 《월간조선》,
2016년 6월 | 「폐손상 일으킨 PHMG·PGH는 어떤 물질?」, KBS, 2011년 11월 11일 | 「Firm
apologizes for poisoning hundreds」, 《C&EM》, 2016년 5월 6일

생리대 파동, 그 후

　지난 2017년, 여성 한 명이 평생 최소 1만 4,000개를 쓴다는 일회용 생리대가 위해성 파동에 휩싸였다. '생리대 유해 물질 파동'이라고 불리는 이 사건은 여성환경연대가 강원대학교 환경융합학과 연구팀에 일회용 생리대 11종에 대한 유해성 연구를 의뢰하면서 시작됐다.

　연구팀이 발표한 결과는 충격적이었다. 모든 제품에서 200여 종의 총휘발성유기화합물질TVOC이 발견됐고, 무려 20종의 독성화학물질까지 포함되어 있었다. 특히 유해성이 확인된 8종 가운데 스타이렌과 톨루엔은 생리 주기 이상은 물론 여성 생식 건강에 영향을 줄 수 있는 생식 독성 물질임이 밝혀졌다. 문제가 된 생리대 중 하나가 릴리안 생리대인 것이 드러나자 불매 운동이 일어났다.

　곧이어 온라인 커뮤니티에서는 릴리안 생리대에 대한 피해 사례 신고가 잇따랐다. 여성환경연대에는 이틀 만에 무려 2,600건에 달하는 피해 사례가 접수됐다. 생리 양 감소, 생리통, 피부 질환, 염증 등으로 인해 병원을 찾았다는 이야기가 쏟아져나오자, 결국 법무법인이 나서서 피해자들을 위한 절차를 진행했다. 이후 5,000여 명의 여성들이 집단소송을 요구하면서 사태가 더욱 심각해져 해당 제품의 생산 중단 및 전 제품 환불이 결정됐으나 불안을 해소할 수는 없었다. 결국 식품의약품안전처에서는 시중에 유통 중인 생리대와 팬티라이너에 대한 전수조사를 실시했다. 특히 2014년 이후 국내에서 생산되거나 수입된 666개 품목의 생리대와 팬티라이너를 대상으로 인체 위해성 평가를 진행했다.

그러던 중 2019년 또 한 번 논란이 불거졌다. 국내 유통 중인 생리대, 팬티라이너, 탐폰 등 여성 용품 126개 중 73개 제품에서 성호르몬 교란 문제를 일으킬 수 있는 프탈레이트류 성분이 검출됐다. 일반 생리대 78개 중 3개, 면 생리대 8개 전 제품에선 독성 물질인 다이옥신류 성분이 검출됐다. 2018년부터 생리대 성분 표시제가 의무화되었지만 반드시 안전하다는 것은 아니라는 사실이 밝혀진 순간이었다.

불안해진 여성들은 대체품을 찾아나서기 시작했다. 당시에는 생소한 개념이었던 생리컵의 경우, 국내에서 판매가 되지 않던 상황이라 해외 직구 사이트 주문량이 급격히 늘어났다. 생리컵을 의료기기로 분류해 판매하던 미국과 일본은 청

소년 교과서에도 관련 내용이 실려 있을 만큼 익숙한 제품이지만, 우리나라는 생리대 파동 이후 판매 요청이 빗발치면서 식품의약품안전처의 허가가 난 후에야 정식으로 판매되기 시작했다.

생리컵이 안전하기는 하지만 사용법에 어려움을 느끼거나, 실리콘 알레르기가 염려된 여성들은 100퍼센트 순면 또는 유기농 소재의 친환경 생리대를 대체제로 선택하고 있다. 유기농에 대한 소비자의 관심과 인식 수준이 높아짐에 따라 다양한 신제품이 출시되고 있는데, 현재는 순면 인증 마크를 통해 유기농 생리대 여부를 구분짓고 있다. 이때 인증 마크를 획득했더라도 특정 소재에만 부여된 마크일 가능성이 있어, 전문가들 사이에서는 우려의 목소리도 존재한다. 실제로 생리대를 구성하는 '표지-흡수층-방수층' 3층 구조 중, 탑시트에만 순면을 사용했을 경우에도 인증 마크를 획득할 수 있기 때문이다. 따라서 유기농 생리대를 선택하더라도 일부만 유기농 소재를 사용한 것은 아닌지, 공신력 있는 기관에서 유기농 인증을 받았는지 꼼꼼히 살펴보아야 한다.

참고 자료

「안전한 일회용 생리대는 없다」, 《시사IN》, 2017년 9월 19일 | 「생리대 파동 A to Z… 여성 불안 키운 정부 대응」, 《뉴스토마토》, 2017년 11월 13일 | 「릴리안 파동 1년, 여전한 생리대 포비아」, 《시사저널》, 2018년 8월 17일 | 「끊이지 않는 생리대 파동… 유기농 인증 뒤에 숨은 성분은?」, 《그린포스트코리아》, 2020년 11월 24일 | 「생리대 인증마크 관리 필요… 민간 인증 아닌 객관적 기준 마련해야」, 《한강타임즈》, 2019년 10월 9일

PART

3

더 나은
선택

CHANGE

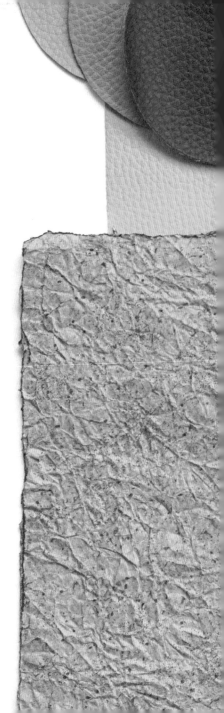

착한 패션

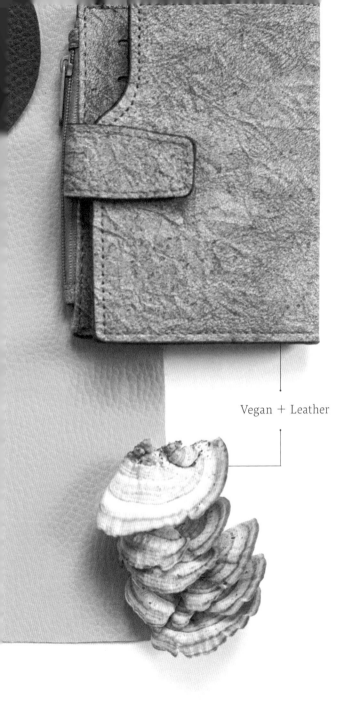

Vegan + Leather

착한 가죽

가죽을 얻기 위해 매년 희생되는 동물은 무려 10억 마리.
이들을 보호하기 위해 채소와 과일이 나섰다.

가소제를 첨가한 뒤 건조하는 방식으로 완성하는
버섯 가죽, 실바니아Sylvania.
파인애플 잎에서 섬유질을 추출해 펠트로 만든 뒤
코팅 처리를 하는 파인애플 가죽, 피나텍스PInatex.
멕시코의 노팔 선인장을 갈아 인조가죽 재료와 배합하는
선인장 가죽, 데세르토Desserto.
이뿐만이 아니다.

와인을 만들고 남은 줄기, 껍질, 씨앗 등의 찌꺼기로 만드는
포도 가죽과 사과 섬유질에서 추출한 펄프를 직조화해서
만드는 사과 가죽에 이르기까지 식물 가죽의 종류는
다양하다.

동물 가죽 못지않은 강한 내구성과 통기성을 지녔으며
화학물질이 거의 없고 땅에 묻히면 자연적으로 분해되기
때문에 식물 가죽은 동물과 환경을 지키는 '착한 가죽'이라
불린다.
아직은 대량생산이 불가능해 인조가죽보다 높은 가격에
판매되고 있지만 재료의 무한한 다양성만큼이나 거대한
가능성을 품고 있다.

참고 자료

「착한 패션도 경쟁하는 시대⋯ 비건 패션이 뜬다」, 《한겨레》, 2019년 12월 13일 | 「비건 패션, 트렌드가 되다」, 《동아사이언스》, 2021년 6월 12일

세계는 지금 '비건 패션'

동물성 식품인 고기, 우유, 달걀을 먹지 않는 적극적인 채식주의자를 '비건'이라고 부른다. 최근 들어 이 용어가 패션 업계에서도 활발히 사용되고 있다. 패션 업계에서 깃털이나 울, 캐시미어와 같은 동물성 소재를 과감히 버리고, 비건 대열에 합류한 것이다. 이는 환경을 생각하는 '가치 소비'가 새로운 트렌드로 급부상하면서 자연스레 나타난 현상이다.

스페인 출신의 디자이너 카르멘 이요사Carmen Hijosa는 7년간의 연구 끝에 지속가능한 가죽 대체 소재인 피나텍스를 개발했다. 이 이름은 파인애플이라는 뜻의 스페인어인 피나Pina와 섬유의 굵기를 표시하는 텍스Tex의 합성어다. 필리핀에서 많이 자라는 파인애플 잎에서 섬유질을 추출해 고무 성분을 제거한 후 숙성시키면 피나텍스가 생성된다. 가볍고 통기성이 뛰어나다는 장점을 지녔고, 가격 또한 동물 가죽에 비해 30퍼센트나 저렴하다. 이렇게 얻은 피나텍스는 최근 H&M, 푸마, 휴고 보스 브랜드의 재킷과 신발, 전기차인 테슬라의 시트를 만드는 데에도 활용되고 있다.

피나텍스를 생산하는 또 다른 영국 패션 브랜드인 아나나스 아남Ananas Anam은 한발 더 나아가 식품 회사 돌Dole과 손을 잡았다. 돌이 소유한 필리핀 파인애플 농장에서 나오는 잎을 모아 아나나스 아남에 제공하는 파트너십을 체결한 것이다. 버려지는 잎을 피나텍스 소재를 만드는 데 활용함으로써 폐기물을 최소화하고 폐기물을 태울 때 발생하는 이산화탄소까지 줄일 수 있다.

미국의 바이오벤처기업인 볼트 트레즈Bolt Threads는 두 가지 친환경 가죽을 선보였다. 첫 도전은 '인공 거미줄'이었다. 거미의 DNA를 복제하고 변형해 효모에 심은 뒤, 단백질을 뽑아내 거미줄과 같이 가늘고 부드러우면서도 내구성이 강한 마이크로 실크Micro silk를 개발하는 데 성공했다. 이후 동물성 재료를 사용하지 않기로 유명한 패션 디자이너 스텔라 매카트니Stella McCartney가 이 소재를 활용한 금빛 드레스를 제작했다. 이 드레스는 2017년 뉴욕현대미술관MoMA에 전시되면서 예술계의 뜨거운 관심을 받기도 했다.

마이크로 실크 다음으로 개발된 제품은 버섯으로 만든 가죽 대체제 마일로Mylo다. 육안으로 보면 버섯으로 만든 가죽이라고는 믿을 수 없을 만큼 가죽의 질감을 그대로 구현했다.

멋스러울 뿐만 아니라,
지구를 위한 윤리적인
소비로 자리 잡을 비건 패션.
전 세계의 패션 업계가
적극적으로 동참하는 만큼,
당분간 이 열풍은 계속될
것으로 보인다.

옥수수 줄기 위에 버섯의 균사체를 배양한 후 염색해 천연가죽과 같은 질감을 구현해냈다. 최근에는 독일 스포츠 브랜드 아디다스와 협업해 업계 최초 버섯 가죽 운동화인 스탠 스미스Stan Smith를 선보였는데, 곧이어 나이키에서도 파인애플 잎으로 만든 '해피 파인애플 컬렉션'을 출시해 큰 화제가 되었다.

버섯의 겉껍질부터 뿌리까지 활용한 기업도 있다. 이탈리아의 원단 개발 업체 ZGE Zero Grado Espace는 중국의 대형 버섯으로 무스킨Muskin이라는 가죽을 만들었다. 이들은 버섯의 갓 부분에서 겉껍질을 벗겨낸 후 이를 가공했다. 이런 과정을 거치면 스웨이드 가죽과 비슷한 질감을 살릴 수 있을 뿐 아니라, 자연 방수 기능까지 더해지게 된다.

패션의 종주국으로 불리는 이탈리아에서는 과일을 활용한 원단 개발에 관심을 기울이고 있다. 이탈리아의 원단 업체인 아드리아나 산타노치토Adriana Santanocito와 엔리코 아레나 Enrico Arena는 이탈리아의 명물인 오렌지에 집중했다. 매년 시칠리아에서 발생하는 7억 톤가량의 오렌지 부산물을 적극적으로 활용해보기로 마음먹은 이들은 오랜 실험 끝에 2014년 오렌지파이버라는 시제품을 선보였다. 이 원단은 이탈리아의 명품 브랜드 페라가모 스카프에도 활용되었다.

멋스러울 뿐만 아니라, 지구를 위한 윤리적인 소비로 자리 잡을 비건 패션. 전 세계의 패션 업계가 적극적으로 동참하는 만큼, 당분간 이 열풍은 계속될 것으로 보인다.

ⓘ 참고 자료

「파인애플을 먹는다? 아니, 입는다!」, 《라이프인》, 2021년 4월 24일 | 「우유로 만든 옷 입고 파인애플로 만든 가방 들고 포도로 만든 신발 신고」, 《조선일보》, 2018년 3월 10일 | 「최대 과 일 생산업체 돌(Dole), 버려지는 파인애플 잎으로 가죽 생산」, 《뉴스펭귄》, 2021년 8월 5일 | 「비건 스니커즈, 아디다스, 나이키, 구찌의 3파전」, 《어패럴뉴스》, 2021년 6월 23일

다시 짓는
미래

우리가 그린 '그린리모델링'

2019년 5개월간 이어졌던 호주의 산불과
2020년 국토 4분의 1이 물에 잠긴 방글라데시의 홍수.
대한민국도 예외는 아니었다.

따뜻한 겨울, 54일간의 역대급 장마를 겪으며
기후변화로 인한 지구의 이상 신호를 감지한 대한민국
정부는 탄소 배출량을 줄이기 위한 본격적인 해결책을
찾아나섰다.

먼저 국내 건물의 60퍼센트를 차지하는

10년 이상 35년 미만의 노후 건축물을 목표로 삼았다.
시간이 갈수록 냉난방 효율이 떨어진 건물들이
많은 탄소를 배출한다는 사실을 발견했기 때문이다.

건물을 허물고 새로 짓는다면
막대한 비용과 자산이 드는 상황에서
정부가 선택한 방법은 바로 그린리모델링!

보온 기능이 떨어진 외벽에는
내외단열 시공을 통해 열 보존율을 높이고
단열 성능을 높인 고효율 창호를 설치했다.
스스로 에너지를 만들 수 있도록
신재생에너지 설비도 놓치지 않았다.
그 결과, 건물의 평균 연면적이 증가했음에도
에너지 사용량은 감소하는 성과를 보여주고 있다.

세상을 한 번에 변화시키는 것은 어려운 일이다.
하지만 그린리모델링이 건물의 가치를 높이고
우리의 미래를 건강하게 바꾸어가듯
주변에서 할 수 있는 것부터 하나씩

미래를 다시 짓고, 다시 그려나간다면
에너지 대전환 시대에 걸맞은 눈부신 변화가 찾아올
것이다.

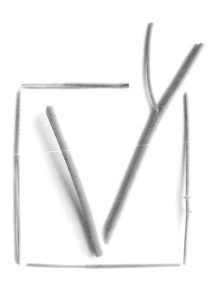

📖 참고 자료

LH 그린리모델링센터, 국토교통부

에너지가 필요 없는 패시브하우스

친환경을 실천하기 위한 노력은 주거 영역에까지 확대되고 있다. 기후변화에 따른 주택 유지비 증가와 에너지 소비에 따른 탄소 배출의 부담이 커진 탓이다. 우리나라의 경우에는 주거 또는 업무 공간에서 사용하는 에너지 대부분이 화석연료에 의존하고 있어 탄소 배출량의 21퍼센트가 건축에서 발생한다. 최근 패시브하우스Passive House가 석탄 연료에 기반한 에너지를 줄이거나, 이를 넘어 에너지 제로화를 지향하는 '제로 에너지 하우스'의 대안으로 호응을 얻고 있다.

패시브하우스란 창틀, 배관, 배선 등에서 생기는 틈새 바람에 대한 기밀성, 창호와 단열재 사용을 통한 단열성을 강화하고, 태양광과 같은 자연 에너지를 적극 활용해 최소한의 냉난방만으로도 쾌적한 실내 온도를 유지할 수 있도록 설계된 주택을 말한다. 패시브하우스는 1991년 독일의 다름슈타트 지역에 처음 세워진 이래, 경제성과 효율성을 꾸준히 인정받으면서 유럽을 비롯해 캐나다, 미국 등으로 빠르게 퍼져나갔다. 우리나라에서도 2017년부터 서서히 두각을 나타내는 중이다.

물론 새는 에너지를 막는다고 해서 모두 패시브하우스가 되는 것은 아니다. 국제 패시브하우스 인증기관인 독일패시브하우스협회PHI의 인증을 받아야 한다. 그중 난방 에너지 효율이 무엇보다 중요하다. 먼저 건물에서 공기가 새어 나가는 양, 즉 환기량을 최소화하려면 50파스칼 압력에서 실내 공기 부피의 60퍼센트 미만이 되는 기밀성을 확보해야 한다. 이 조건을 충족할 경우 바깥 온도가 35도일 때 주택 상층부의 실내 온도가 26도를 넘지 않고, 반대로 바깥 온도가 영하 10도일 때에도 별도의 난방 시설이 필요치 않도록 적정한 실내 환경이 유지된다. 또한 난방 에너지는 연간 요구량이 면적당 15킬로와트시를 넘지 않고 냉난방과 온수 그리고 전자기기 등 1차 에너지의 연간 소비량도 120킬로와트시 미만으로 갖춰야 한다.

그렇다면 패시브하우스는 어떻게 지어지는 걸까? 건물 지붕과 벽, 바닥 등은 일반 주택보다 두 배 이상의 단열재를 사용해 30센티미터 이상의 첨단 단열공법으로 시공해야 한다. 그다음 공기를 순환시키기 위해 열회수환기장치를 설치한다. 이 장치는 창을 열지 않고도 바깥의 신선한 공기와 내부의 오염된 공기를 교차시키는데, 이때 차가운 실외 공기를 따뜻한 실내 공기의 열로 데워 열 손실을 줄이면서 환기가 가능해진

패시브하우스의 가장 큰 장점은 에너지 소비량 절감과 쾌적한 실내 환경을 동시에 유지할 수 있다는 점이다.

다. 또한 일사 에너지(태양열)를 많이 받기 위해 주로 남향으로 건물을 짓는데 남쪽으로는 큰 창을 많이 내고, 북쪽으로는 작은 창을 최소한으로 낸다.

패시브하우스의 가장 큰 장점은 에너지 소비량 절감과 쾌적한 실내 환경을 동시에 유지할 수 있다는 점이다. 또한 비용 측면에서도 이점이 있다. 비록 초기 투자 비용은 비싸지만 기계 설비 등의 수명이 늘어나 유지관리 비용이 절감된다. 한국패시브건축협회의 조사에 따르면 패시브하우스는 일반 주택에 비해 냉방 비용을 60퍼센트 절감하고, 난방 비용의 경우는 무려 80퍼센트까지 낮출 수 있는 것으로 확인됐다. 30평 내외의 패시브하우스의 경우 등유 1드럼(200L)을 1년 내내 사용할 수 있다.

하지만 제작 시 3.3제곱미터당 500만 원 정도로 초기 비용이 높은 편이고, 모든 공간의 온도가 동일하게 유지된다는 점은 개선이 필요하다. 집안에서도 거실과 욕실은 조금 더 따뜻하고, 침실과 주방은 조금 더 시원하게 사용하는 등 공간마다 적정 온도가 다른데, 패시브하우스에서는 온도를 개별적으로 조절할 수가 없다. 환기 시스템으로 인해 실내 환경이 건조하다는 점도 문제다. 따라서 아직은 보조 난방기구와 가습기 등이 필요하다.

정부는 장점을 극대화하고 단점 보완을 적극 지원하면서, 제로에너지하우스 수준에 맞춘 에너지 효율 인증 대상 확대, 인증 등급을 강화하고 있다. 시대의 패러다임이 비용 절감에서 에너지 절감으로 바뀌어가고 있는 만큼, 머지않아 패시브하우스는 집의 기본 형태로 자리매김하게 될 것이다.

"집은 사회와 환경에 따라 변화를 거듭한다.
패시브하우스도 변화 과정에서 나오는
하나의 중요한 기점이다."

— 임형남, 건축가

ⓘ 참고 자료

「친환경이라서 더 살고 싶은 공간」, 한국소비자원 | 〈난방 없이도 따뜻한 집, 패시브하우스를 아시나요?〉, EBS 건축탐구 집, 2020년 2월 15일 | 「행복도시 제로에너지건축물, 탄소 제로로」, 《중부매일》, 2023년 3월 29일 | 「패시브하우스의 장점, 단점 그리고 비용」, 《homify》, 2020년 10월 16일 | 「패시브하우스는 무엇일까? 해외 국내 패시브하우의 정의와 사례」, 《홀라이프진》, 2020년 3월 2일 | 「에너지사용 제로, 패시브하우스」, 《사이언스타임스》, 2017년 7월 4일

미래의 농부

OH AIR
공장에서 농사를 짓는 게 가능해? 20201216

공장에서 짓는 농사

계획한 대로 규격에 맞춰 물건을 생산해내는 공장.
그런데 공장에서 농산물도 생산한다?

날씨와 주변 환경에 영향을 많이 받는 농사.
이제는 태풍이나 폭염, 폭설 등과 같은 기후변화를 피해
실내에서 365일 식물 재배가 가능하다.

비닐하우스가 비와 바람을 차단하는 구조물이라면 식물
공장은 최첨단 기술로 만들어진 재배 환경을 제공하는
공간이다. 햇빛 대신 특수 제작된 LED 조명으로 식물이

자랄 때 필요한 빛을 작물에 따라 조절해준다. 식물의
광합성에 유익한 적색과 청색 파장, 병충해가 싫어하는
적황색 파장을 이용한다.

'실내에서 화초를 키우는 것과 뭐가 다를까?'

실내에서 짓는 농사는 적절한 온도 안에서 식물 성장에 꼭
필요한 이산화탄소를 주입하고, 양분을 포함한 배양액을
제공한다. 밀폐된 공간인 만큼 농약을 사용하지 않을 수
있고, 맞춤 환경 덕분에 1년 내내 계획한 양의 농산물을
생산할 수 있다.

전 세계의 인구는 현재 약 75억 명이지만 2050년이면
91억 명으로 증가할 것으로 예상된다. 유엔식량농업기구가
2009년 발표한 보고서에 따르면 전 세계 인구가 이 정도
유지되기 위해서는 70퍼센트의 식량 증산이 필요하다.
그러나 심각해지는 이상기후로 인해 오히려 식량의
생산량이 감소할 것으로 예측돼 식물 공장은 미래의 식량을
책임질 수 있는 첨단 기술 중 하나로 주목받고 있다.

1950년대 일조 시간이 부족한 북유럽에서 시작된
식물 공장.
기술 개발과 시스템화를 통해 끊임없이 진화한 결과
식물 공장은 자급자족할 수 있는 희망이 되었다.
남극에서도, 우주에서도.

📖 참고 자료

「뉴노멀시대, 식물 공장을 다시 생각하다」, 《프레시안》, 2018년 9월 4일

전 세계의 인구는
현재 약 75억 명에서
2050년이면

91억 명으로
증가할 것으로 예상된다.

지하철 스마트팜, 메트로팜

흙도 햇빛도 없는 지하철역에 세워진 농장이 있다?

7호선 상도역은 사람들이 잘 지나다니지 않는 유휴 공간 70평에 식물 공장을 만들었다. 정보통신기술ICT과 농업이 만나 이룬 지하철 역사 내 스마트팜Smart farm, 일명 메트로팜이다. 상도역 메트로팜은 현재 운영 중인 메트로팜 중 가장 큰 180제곱미터 규모다.

상도역 2번 출입구 계단을 통해 내려가면 분홍색 LED 조명으로 환하게 밝힌 공간을 볼 수 있다. 유리벽 안쪽의 수직 선반 안에 채소가 자라고 있다. 버터헤드레터스, 카이피라, 바질 등 10가지 남짓 되는 유럽 품종의 허브와 샐러드용 채소가 자라고 있다. 이런 스마트팜은 수직으로 세워진 6단 선반, 즉 버티컬 인도어 팜 방식을 적용해 일반 노지 대비 면적당 40배이상 많은 양을 생산한다. 상도역 메트로팜에서만 하루 50킬로그램, 한 달이면 무려 약 1톤에 달하는 허브가 생산되는데, 상암월드컵경기장 면적에서 자랄 분량의 채소가 불과 40분의

1의 면적에서 생산되고 있다.

스마트팜의 핵심 가치는 농업기술에 정보통신기술을 통한 데이터 활용을 접목한 데 있다. 그 결과 온도와 습도, 이산화탄소, 빛, 토양 등 생육 환경 정보를 기반으로 생물이 자랄 수 있는 최적의 환경을 구축했다. 메트로팜에서 자라는 작물들은 흙 대신 스펀지와 배양액에서, 햇빛 대신 LED 빛을 쬐며 자란다. 여기에 순환식 수경재배를 적용해 24시간, 사계절 내내 파종과 수확이 가능하고 병충해 피해에서도 자유로워졌다. 덕분에 수급에 어려움을 겪었던 혹한기나 혹서기에도 안정적인 채소 공급이 가능해졌다.

그런데 이 많은 양을 재배하는 데에는 단 두 명이면 충분하다. 기존에는 농부가 물을 주기 위해 직접 밸브를 열어 모터를 작동시켜야 했지만 스마트팜에서는 미리 설정해둔 값에 따라 전자밸브가 자동으로 작동한다. 특히 오토팜 구역에서는 파종에서 수확까지 인공지능 로봇이 처리하는 완전 자동화 시스템으로 운영된다. 최근에는 컨테이너형 오토팜을 쇄빙 연구선 '아라온호'에 실어 보내 남극세종기지에서도 신선한 과채소를 재배해 먹을 수 있게 되었다. 오토팜의 하루 수확량은 잎채소를 포함해 약 2킬로그램 정도인데 남극세종기지에 근무하는 약 서른 명의 대원들이 먹기에 충분한 양이다.

스마트팜이 중요한 이유는 또 있다. 바로 기후변화로 인한 식량 위기를 극복하는 해결책이 될 수 있다는 점이다. 지구온난화에 따른 기후위기로 경작 환경이 변하고 홍수와 가뭄이 빈번해졌을 뿐만 아니라, 해수면의 상승으로 경작지는 점점 줄어들고 있다. 온도와 습도, 일조량 등의 영향을 직접적으로 받는 농업의 경우 피해가 더 클 수밖에 없다. 미국과학원회보PNAS에 따르면 지구의 평균기온이 1도만 상승해도 밀은 6퍼센트, 쌀은 3.2퍼센트, 옥수수는 7.4퍼센트, 콩 생산량은 3.1퍼센트가 감소한다고 한다. 국립기상과학원의 예측대로 40년 후 지구의 온도가 3도 높아진다면 지금 우리가 매일 마주하는 식탁 위 풍경은 더 이상 보기 어렵게 될 것이다.

이처럼 기후변화에 따른 식량 위기로 스마트팜의 중요성이 날로 커지는 시점에 일상에서 쉽게 만나볼 수 있는 메트로팜은 그 의미가 크다. 메트로팜은 2019년 상도역에 처음 문을 연 후, 현재 5호선 답십리역, 7호선 천왕역, 2호선 충정로역, 을지로3가역까지 총 5곳의 지하철 역에서 만날 수 있다.

이 채소들은 메트로팜 자판기를 통해 직접 살 수도 있고, 이곳에서 운영하는 카페에서 샐러드나 샌드위치로 맛볼 수 있다. 시민들의 반응도 좋다. 신선한 채소를 바로 구매할 수 있을 뿐 아니라 농약과 GMO, 병충해로부터 안전하게 재배되는 과정을 눈앞에서 확인할 수 있기 때문이다. 게다가 이 많은 양의 작물들을 가까운 도심에서 소비할 수 있어 농산물을 이동하는 유통 과정에서 발생되는 탄소 배출도 줄일 수 있다.

참고 자료

이강오, 『즐거운 농업의 시작, 스마트팜 이야기』, 공감의힘, 2021 | 「지하철역, 농장이 되다! 메트로팜」, SK에코플랜트, 2022년 3월 30일 | 〈스마트팜이 발달하면 집에서 채소 키워먹을 수 있는 부분〉, 국가과학기술연구회, 2021년 12월 6일 | 「서울 지하철역 출신 샐러드 먹어봤니?」, 《뉴스펭귄》, 2020년 11월 30일 | 「도심 지하철역, 빌딩으로 들어온 스마트팜」, KBS, 2019년 11월 25일

CULTU

배양육이
식탁에 오르기까지

MEAT

대체육의 시대

1932년, 영국의 윈스턴 처칠Winston Churchill 총리는
「50년 후의 세계Fifty Years Hence」라는 한 편의 에세이를
발표한다.

"앞으로는 닭 가슴살을 먹기 위해
닭을 통째로 키우는 모순에서 벗어나
적당한 조건에서 필요한 부위들을 배양하게 될 것이다."

그로부터 80여 년 후, 2013년 런던의 한 방송국에서 음식
시식회가 열렸다. 음식이 무엇일지 모두가 숨죽이며

기다렸다. 그날 공개된 것은 무려 약 25만 유로, 한화로 약
3억 3,000만 원에 달하는 엄청난 가격의 햄버거 패티였다.
참가자들은 패티의 상태를 유심히 살펴보고 냄새를
맡아보며 신중하게 시식했다.

"기대했던 부드러운 감촉은 아니지만
고기에 가까운 강렬한 맛이네요."

참가자들이 시식했던 햄버거 패티는 소를 도축해서 나온
고기가 아닌 동물 세포를 배양해 만든 '배양육'이었다.
축산업이 환경 파괴와 동물 학대라는 이중의 딜레마에 빠져
있는 오늘날, 육식은 인류의 먹을거리 문제로 떠올랐다.

지속가능한 미래의 식생활을 위해 과학자들의 고민이
시작됐다. 그 결과, 네덜란드의 마크 포스트Mark Post 교수
연구팀이 근육의 줄기세포를 이용해 세계 최초로 배양육을
만드는 데 성공한다.

"언젠가 우리는 할아버지 세대가 고기를 먹기 위해
동물을 죽이던 모습을 돌아보며
옛날에는 그런 시절도 있었다고 이야기할 것입니다."

— 빌 게이츠Bill Gates

참고 자료

폴 샤피로, 『클린미트』, 이진구 옮김, 흐름출판, 2019 | 「콩코기에서 배양육으로⋯ 세포농업
시대 성큼」, 《한겨레》, 2019년 5월 21일 | 「세포 키워 얻은 고기, 불판에 올리는 시대 온다」,
《동아사이언스》, 2021년 1월 4일

미래 식량, 클린미트

세계 인류는 이미 75억 명을 돌파했고 2050년이면 90억 명을 넘어설 것이란 전망이다. 유엔식량농업기구에 따르면 이정도의 인구를 부양하기 위해서는 70퍼센트의 식량 생산 증가가 필요하지만 현실적으로는 불가능하다. 빈 땅의 4분의 1 이상이 가축 방목에 쓰이고 있고, 농경지의 3분의 1 이상은 그 가축을 먹이는 목초지로 사용되고 있기 때문이다.

인구 증가와 경제성장에 힘입어 전 세계의 육류 수요도 꾸준하게 늘고 있다. 수요에 맞추기 위해서는 2020년의 3억 3,718만 톤에서 2050년에는 22배에 달하는 5억 톤을 생산해야 한다. 그러나 기존의 방식으로는 지속적으로 증가하는 축산물 수요를 충족시키는 데 한계가 있고, 기존의 관행적인 육류 생산 방식에 대한 환경오염과 가축 전염병 발생에 따른 안정성 문제도 있다. 그 대안으로 배양육이 제시되고 있다.

배양육은 살아 있는 동물의 세포를 실험실에서 인공적으로 배양해 만든 고기다. 공장식 사육에 비해 생산 과정이 깨끗해

클린미트Clean Meat라 부르기도 한다. 배양육은 맛과 성분까지도 일반 고기와 비슷하고, 실험실과 같은 제한적인 공간에서도 원하는 양만큼 고기를 만들어낼 수 있다. 고기의 특정 부위를 분리한 뒤 배양액을 만들기 때문에 이론적으로는 수요가 많은 부위를 선택해 키워낼 수 있다.

그렇다면 도축하지 않았지만 동물성 원료가 들어간 배양육은 비건 인증을 받을 수 있을까? 실제 비건 커뮤니티 사이에서도 배양육을 비건으로 볼 것인지를 두고 의견이 팽팽하다. 한국비건인증원은 식물성 대체육은 비건 인증을 하고 있지만, 동물 세포나 각종 동물 유래 첨가물이 들어가는 배양육은 비건 식품으로 인증하기 어렵다고 밝혔다.

다만 도살이라는 윤리적인 이유로 육류를 소비하지 않는 사람들에게 대체육은 새로운 대안이 될 수 있다. 관행적인 축산업 방식과 비교할 때 배양육은 1퍼센트의 땅과 2퍼센트의 물만 있으면 같은 양의 고기를 만들 수 있고 에너지 사용량은 55퍼센트, 온실가스 배출량은 87퍼센트까지 줄일 수 있다. 또한 고기를 얻는 과정에서 벌어지는 의도적인 공장형 밀집 사육, 동물 학대와 생명 윤리 문제에서도 비교적 자유롭다. 뿐만 아니라 밀폐된 공간에서 자란 가축에서 비롯된 각종 바이러스, 항생제나 성장촉진제, 호르몬 등이 인간에게 끼치게 될 부작용에 대한 염려를 거둘 수 있다.

하지만 배양육이 우리의 식탁에 오르기 위해서는 넘어야 할 산이 많다. 기술적으로 보완해야 할 부분이 많이 남아 있기 때문이다. 현재의 배양육은 맛과 향, 색 등이 육류에 비해 많이 부족하다. 하지만 기술 발전을 거듭하며 원하는 풍미와 질감을 구현할 수 있을 것이라고 연구자들은 전망한다.

소비자들의 반응도 호의적이다. 2021년 학술지 《푸드Food》에 공개된 미국과 영국의 소비자를 대상으로 진행한 배양육에 대한 인식 조사 결과에 따르면 80퍼센트가 배양육을 섭취할 의향을 밝혔다. 특히 Z세대 중 88퍼센트, 밀레니얼 세대 84퍼센트가 배양육에 긍정적인 인식을 가지고 있음을 확인했다. 2014년 퓨 채리터블 트러스트Pew Charitable Trusts가 실시한 설문 조사에서 미국인 중 20퍼센트만이 호응하던 것과 비교해보면 큰 변화다.

"우리는 30년 안에 더 이상 어떤 동물도 죽이지 않고 모두 동일한 맛의 배양육을 먹게 될 것입니다."
— 리처드 브랜슨Richard Branson, 버진그룹 CEO

📖 참고 자료

폴 샤피로, 『클린미트』, 이진구 옮김, 흐름출판, 2019 | 「미래 먹거리 부상 배양육, 얼마나 알고
있나요?」, 《비건뉴스》, 2022년 11월 3일 | 「미래에는 고기를 먹기 위해 가축을 키우지 않아도
될까?」, EBS사이언스, 2020년 10월 1일 | 「축산업의 긴 그림자」, 유엔식량농업기구 보고서,
2006 | 「더 나은 미래를 위한 식습관 보고서」, EAT, 2019년 11월 22일 | 「What is the climate
impact of eating meat and diary?」, 《CarbonBrief》, 2020년 9월 14일 | 「Rearing cattle
produces more greenhouse gases than driving cars, UN report warns」, UN News, 2006년
11월 29일

새로운
환경 운동

코로나 쓰레기의 재탄생

코로나19가 끝나감에 따라
심각한 문제로 대두되고 있는 폐 마스크.
재활용 문제에 관심이 많던 디자이너 김하늘 씨는 한 가지
아이디어를 떠올렸다.

'버려진 마스크로 가구를 만들어볼까?'

그는 먼저 마스크의 재료부터 꼼꼼히 분석했다. 고무
소재의 끈으로 된 귀걸이, 얇은 끈 철사로 된 지지대,
무엇보다 마스크의 가장 큰 부분을 차지하는 '필터'를

집중 연구했다. 세계에서 가장 많이 사용되는 플라스틱 중 하나인 폴리프로필렌이 필터의 98퍼센트를 차지하고 있었다.

그는 이것을 고온에서 녹인 후, 고압의 바람으로 실처럼 뽑아내어 여러 장으로 겹치면 '미세먼지 마스크'가 된다는 사실을 알게 되었고, 다시 열을 가해도 인체에 무해하다는 것이 확인되자 마스크를 녹여보기로 했다. 액화된 마스크는 식으면서 다시 단단해졌고 표면 질감 또한 아름다웠다.

'녹인 마스크로 의자를 만들어보자.'

그는 열에도 견딜 수 있는 의자 틀을 만들고, 그 위에 마스크를 올려 녹였다. 다리가 굳으면 틀에서 떼어낸 후, 마스크로 녹여 만든 좌판에 다리를 이어 붙이면 '100퍼센트 마스크만 활용한 의자' 완성! 의자 하나에는 약 1,500장의 마스크가 사용됐다.

그의 폐 마스크 재활용은 여기서 끝이 아니다. 의자에 이어 조명 만들기에도 도전 중이다.

폐 마스크가 의자가 됐다면 조명도, 테이블도,

그 무엇이든 될 수 있다고 믿는

그는 노트에 다음과 같은 메모를 적어두었다.

'누구나 환경오염을 개선할 수 있다.

비록 조금일지라도.'

📖 참고 자료

Oceans Asia

누구나
환경오염을
개선할 수 있다.
비록 조금일지라도.

플로깅과 비치코밍

코로나19 이후, 우리에게 익숙했던 여러 활동들도 새로운 형태를 띠게 되었다. 그중에서도 일회용품 쓰레기 문제를 해결하기 위해 새롭게 등장한 운동이자 봉사 활동이 있다. 스웨덴어로 '이삭 줍기'를 뜻하는 플로카업Plocka upp과 달리기를 뜻하는 영어 조깅Jogging이 합쳐진 플로깅Plogging이 바로 그것이다. 이는 말 그대로 작은 가방이나 일회용 봉지를 들고 뛰면서 주변에 있는 쓰레기를 주우며 청소하는 방법이다. 플로깅은 운동 자체로도 의미가 있다. 쓰레기를 줍는 자세는 스쿼트 자세와 유사하고, 달리는 동안 쓰레기가 모이게 되면 팔 근력을 강화할 수 있기 때문이다.

2016년 스웨덴에서 처음 시작된 플로깅은 아이슬란드의 대통령 귀드니 요하네손Gundi Johannesson이 참여하면서 아이슬란드, 프랑스 등 유럽을 중심으로 빠르게 확산되었다. 우리나라에서는 약 3년 전부터 '줍깅(줍다+조깅)'이라는 이름으로 불리기 시작했다. 특히 각자가 참여할 수 있는 공간에서 플로깅을 실천한 뒤, SNS로 인증하는 플로깅이 유행하고 있다. 인스타그램에 플로깅 해시태그가 달린 게시물이 3만 7,000여 개에 달하는 걸 보면, 젊은 층의 '인증하는 문화'가 적극적으로 반영된 것이라고 볼 수 있다.

특히 해변을 빗질하듯 바다 표류물이나 쓰레기를 주워 모으는 해변 플로깅은 '비치코밍'이라고도 불리는데, 이렇게 모아진 폐 플라스틱은 재활용센터뿐만 아니라 업사이클링에도 적극적으로 활용되고 있다. 또한 여러 아티스트들에게 제공되어 예술 작품으로 재탄생되기도 한다. 미국 오리건주 출신의 환경 운동가 앤젤라 헤이즐틴 포지Angela Haseltine Possi는 해안가로 밀려온 쓰레기들을 모아 〈마코 상어 조각상〉을 만들어 전 세계적으로 주목을 받았다. 바닷가를 산책하다가 우연히 해안가에 쌓여 있는 폐 플라스틱을 보고 깜짝 놀란 그녀는 바다에서 벌어지고 있는 심각성을 대중에게 알리고자 2010년 비영리단체인 워시드어쇼어Washed Ashore를 만들어 20톤의 쓰레기로 70여 작품을 만들었다.

국내 작가들 중에서도 해양 쓰레기로 만든 작품으로 전시회를 열어 비치코밍 운동에 적극적으로 동참하는 이들이 있다. '재주도좋아'는 30대의 젊은 청년들이 해양 쓰레기에 대한 해결 방안을 찾기 위해 결성됐다. 이들은 해양 쓰레기 가운

해변을 빗질하듯
바다 표류물이나 쓰레기를
주워 모으는 해변 플로깅은
'비치코밍'이라고도 불리는데,
이렇게 모아진 폐 플라스틱은
여러 아티스트들에게 제공되어
예술 작품으로 재탄생되기도
한다.

데 폐 목재, 밧줄, 유리병 등을 재가공해 작품을 만들어 판매하며, 매년 비치코밍 페스티벌을 진행하고 있다.

참고 자료

「줍깅과 플로깅은 어떻게 트렌드가 되었나」, 《그린포스트코리아》, 2021년 6월 11일 | 「바다는 내가 살린다! 플로깅·비치코밍」, MBC, 2021년 11월 1일 | 「건강과 지구를 동시에 지킨다… 플로깅과 줍깅」, 《데일리 비즈온》, 2018년 12월 13일 | 「코로나로 지친 일상에 플로깅으로 나와 환경에 활력을!」, 환경부 블로그, 2020년 10월 30일

지구를 살리는
사람들

생존을 위한 얼음 탑

인도 라다크 지역에 나타난 거대한 얼음 탑Ice Stupa.
'부처의 사리를 넣는 얼음 탑'이라는 신성한 이름이 붙었다.
이 얼음 탑은 마을 주민들의 강한 의지로 만들어졌다.

라다크 지역은 히말라야 사막 지역의 고도 2,700미터에서
4,000미터에 위치해 있고, 매년 영하 30도의 추위를 견뎌야
한다. 극한의 환경에서 이곳 주민들은 빙하와 눈에 의지해
살아냈지만 환경이 변하면서 빙하가 녹고 얼음이 말랐다.
삶을 옥죄는 기후변화로 많은 사람들이 터전을 버리고
살 곳을 찾아 떠나버렸다. 그리고 남은 이들은 연구를

시작했다.

"저 양동이가 수원이라고 생각해보세요.
상류 계곡이나 호수부터 파이프를 연결해서
지하 2미터에 매립하면
마을까지 물이 흘러내려 옵니다."

— 소남왕축, 환경 기술자

이들은 크라우드펀딩으로 돈을 모았고 마을 주민들의
적극적인 참여를 독려했다.
기초를 다지고 21일 후, 영하의 날씨에 지하에서 물이
뿜어지는 순간 지상에서 그대로 얼어버렸다. 원뿔형으로
고정된 얼음은 천천히 녹으며 마을에 물을 공급해주었다.
얼음탑은 높이가 높을수록 더 많은 양의 물을 보관할
수 있었다. 30미터의 얼음탑은 2,000만 리터의 물을
보관해주었다.
사람들은 다시 나무를 심었다. 포플러나무와 버드나무
5,000그루에 마을의 미래를 걸었다.

"우리의 후손들은 기후난민이 되지 않기를 바랍니다.

대도시의 방법은 산에서는 통하지 않아요.

우리 문제에 대한 해결책을 스스로 찾아야 했습니다."

— 얼음 탑을 만든 환경 기술자

메말라버린 라다크처럼

곳곳에서 들려오는 살려달라는 외침.

곳곳에서 들려오는 끝일지 모른다는 경고.

그곳에서도 얼음 탑이 보이기를.

얼음 탑에 담은 간절한 바람과

탑조차 만들 수 없는 많은 이들의 외침이 들리기를.

📖 참고 자료

Icestupa.org

황사를 막는 사람들

봄이 되면 어김없이 찾아오는 불청객인 황사. 대부분의 사람들이 마스크를 챙길 때, 비영리단체인 '황사 막는 사람들(황막사)'는 황사를 막아줄 묘목을 심기로 결심했다. 1999년, 이들은 황사의 발원지인 중국 서북부 닝샤후이족자치구 링우시에 있는 마오쑤 사막을 찾아갔다.

사막에 묘목을 심기란 결코 쉬운 일이 아니었다. 흙에 심는 것과 같은 방식을 쓰면 모래가 흘러내려 묘목이 제대로 자랄 수 없었기에, 구덩이를 판 후 가로 1미터, 세로 1미터 정도 크기의 볏짚을 넣어야만 했다. 볏짚 안에 나무를 심은 후 물을 대며, 한 그루 한 그루 나무를 심기 시작했다. 그렇게 심은 나무는 어느새 숲을 이루었고 주위 바람을 막을 수 있을 정도로 자라났다.

나무가 2만 그루를 넘어서자 눈에 띄는 변화가 찾아왔다. 낙엽이 썩고 퇴적물이 생기면서 땅 색깔이 변했고, 채소밭이 생기면서 자그마한 마을이 형성됐다. 황무지였던 땅이 사람이 살 수 있는 마을로 바뀐 것이다.

황막사는 1999년부터 한 해도 거르지 않고 중국 사막에 나무를 심고 있다. 정부나 지방자치단체의 지원은 일체 받지 않는다. 다양한 직업을 가진 회원들이 모여 꾸준히 식목 행사를 갖고 십시일반 모은 식수 기금을 중국 지방 정부에 전달한다. 전달한 기금은 고스란히 나무를 심고 가꾸는 사업에 활용되는데, 그렇게 키운 나무가 무려 40만 그루에 달한다.

2005년부터는 분양 전문 컨설팅 업체인 '우리토지정보'가 황막사의 든든한 후원자가 되어주고 있다. 이들은 황막사와 함께 중국 4대 모래 지역 중 하나인 커얼친 사막에 나무를 심고 있다. 마오쑤 사막에 이어 대표적인 황사 발원지로 손꼽히는 이곳은 이제 나무가 어느 정도 자리를 잡아 황하 중류의 닝샤 지역으로 옮겨 활동을 이어가고 있다. 이 지역에 심은 나무 또한 50만 그루를 넘어섰다.

중국 정부에서도 이러한 황막사의 활동에 많은 관심을 보이고 감사를 표하고 있다. 2011년에는 황막사의 박준호 회장에게 중국 최고의 환경보호 대상인 '녹색 중국 초점 인물상'을 수여했고, 신화사통신에서는 황막사의 식목 행사를 대대적으로 홍보하기도 했다. 첫 시작이 되었던 마오쑤 사막에는 황막사의 활동을 기리는 '한·중 우호림 조성 사업' 기념비가 세워져 있다.

　박준호 회장은 황사는 우리나라만의 문제가 아닌 국제적인 문제이며, 우리의 활동은 국경을 초월한 봉사 활동이라는 생각을 갖고 앞으로도 지속적인 활동을 펼치겠다는 의지를 밝혔다.

📖ⓘ 참고 자료

「중국 사막에 나무 심기 12년째 황사와 싸우는 사람들」,《주간조선》, 2016년 10월 7일 | 「황무지에 기적이… 中사막에 15년간 나무 40만 그루 심어」,《서울신문》, 2014년 10월 8일

살아남기 위한
생존 프로젝트

ACTION

넷 제로를
향해

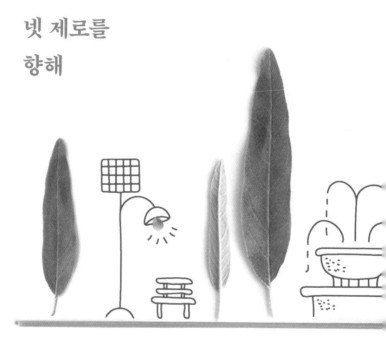

Net
zero

GLASS   PLASTIC   PAPER

빌 게이츠가 주목한 이산화탄소

2019년, 세상을 떠들썩하게 만든 뉴스가 있었다.

빌 게이츠가 이산화탄소 포집 기술에 투자했다는 소식.

이 뉴스로 인해 사람들은

이산화탄소 포집 기술에 관심을 보이기 시작했다.

이산화탄소 포집 기술이란,

커다란 팬을 돌려 대기를 빨아들이고

그 공기가 필터를 통과할 때 염기성 물을 뿌려

산성인 이산화탄소를 흡수하는 기술이다.

2015년 캐나다의 한 포집 시설에서

직접 포집 방식을 시험적으로 가동해본 결과
연간 약 100만 톤의 이산화탄소를 모을 수 있다는 것이
밝혀졌다.
이는 곧 42만 대의 자동차가 1년간 배출하는 양이자
730만 그루의 나무가 흡수하는 양이었다.

이렇게 모인 이산화탄소는 땅속에 보관하거나
재활용이 가능하다는 점에서
과학자들은 가능성의 빛을 발견했다.

특히 의약품이나 탄소섬유, 콘크리트 제품에 활용할 수
있을 뿐만 아니라 터빈을 돌려 전력을 생산하고 연료로
활용해 자동차와 비행기를 움직일 수 있다.
그야말로 완벽한 '신재생에너지의 시대'가 열린 것이다.
빌 게이츠는 이산화탄소 포집 기술을 '세상을 뒤흔들 혁신
기술'이라고 언급하며 관련 스타트업에 투자를 아끼지
않았다.

"지금 우리가 이산화탄소를
얼마나 많이 배출하고 있는지를 생각하면
현재 이보다 더 좋은 선택지는 없을 것이다."

—《MIT 테크놀로지》

📖 참고 자료

「빌 게이츠도 투자한 이산화탄소 포집 기술. 지구에 4만 대 설치로 지구온난화 완전 해결?」,
《EV포스트》, 2020년 8월 30일

탄소 제로 도시

독일의 환경 수도이자 태양의 도시라고 불리는 프라이부르크Freiburg는 인구 22만 명이 살고 있는 작은 도시다. 프랑스와 스위스 국경 근처의 이 도시는 전 세계 도시계획 담당자와 환경 운동가들의 관심이 집중되는 곳이기도 하다. 프라이부르크는 언뜻 보면 여느 도심 풍경과 비슷해 보이지만, 자세히 들여다보면 금세 다른 점을 발견할 수 있다.

프라이부르크 중심가에서 20분 거리에 있는 보봉 마을은 '환경 도시의 미래'라는 찬사를 받는 곳이다. 이 마을은 탄소 제로 도시를 모토로, 에너지 효율을 지키기 위해 다양한 시도를 하고 있다. 보봉 마을은 난방비가 많이 드는 기후 조건을 고려해 건축 방식을 과감히 바꿨다. 집집마다 태양광 패널을 설치하는 것은 물론, 주변에 나무를 심어 온도를 조절했다. 건물 외벽에는 식물을 활용해 봄과 여름에 실내가 뜨거워지는 것을 방지하고, 가을과 겨울에는 잎이 떨어지면서 햇빛이 건물 안을 비춰 온도가 올라가게끔 만든다. 또한 열 손실을 막아

에너지 사용을 줄여 1년 내내 일정한 온도를 유지하는 패시브 건축을 의무화했다.

또한 프라이부르크는 제로 에너지 하우스 설계를 목표로, 대부분의 주택을 저에너지 하우스, 패시브하우스, 에너지 플러스 하우스로 건설하고 있다. 4명이 사는 일반 주택의 경우 제곱미터당 석유 환산 에너지 소비량이 14리터에 달하는 반면, 저에너지 하우스는 7리터, 패시브하우스는 1.5리터로 에너지 소비가 제로에 가깝기 때문이다. 에너지 플러스 하우스는 패시브하우스로 지은 주택에 일반 지붕 대신 태양광 지붕을 설치해 태양에너지까지 생산한다.

'태양에너지의 메카'라는 수식어에 걸맞게 2,000가구의 전기 수급도 태양광을 통해 이루어지는데, 그 중심엔 '헬리오트롭'이 있다. 마을 언덕 위에 위치한 헬리오트롭은 태양열을 따라 움직이는 태양열 주택으로, 독특한 형태를 자랑한다. 외부 지름 11미터에, 3층짜리 원통 모양의 이 개인 주택에는 독일의 태양 건축가인 롤프 디쉬Rolf Disch가 살고 있다. 10년 전 20억 원을 투자해 지은 이 건물의 옥상에는 60제곱미터에 이르는 태양전지판이 설치되어 있는데, 이 전지판은 태양의 움직임에 따라 방향을 바꿔 에너지를 받아들인다. 마치 태양을 따라 움직이는 해바라기 같다. 이 건물은 자체 필요 에너지의 5배

이상 많은 에너지를 생산하고 있다.

도시의 노력 뒤에는 유치원 때부터 시작되는 남다른 교육도 있다. 독일어로 킨더가르텐Kindergarten은 '어린이의 정원'이라는 뜻인데, 만 3세부터 6세까지 다닐 수 있는 이 유치원에는 교실이 없다. 숫자나 글을 가르치는 대신 아이들이 나무와 풀꽃, 흙 등 자연과 만나는 시간을 충분히 갖도록 한다. 자연이 곧 교과서이고, 자연과 어울리는 것이 곧 놀이가 되는 것이다. 직접 나무를 심고 꽃을 가꿔보며 크는 아이들은 자연의 섭리를 몸소 체험하고 터득한다.

프라이부르크는 2030년까지 탄소 배출량을 1992년 대비 50퍼센트로 감축하고, 2050년까지 탄소 제로 도시를 달성하겠다는 목표를 세웠다. 또한 태양 전지, 태양열을 이용한 온수 공급 등의 다양한 태양에너지 개발뿐만 아니라 풍력 및 바이오매스 에너지 개발에도 주력하고 있다. 이처럼 프라이부르크는 탄소 제로 도시를 현실화하기 위해 30년 넘는 중·장기적인 계획을 세우고 있는데 시민들의 적극적인 참여 없이는 불가능한 일이다.

경제관광공사FWTM의 베른트 달만Bernd Dallmann 대표는 프라이부르크가 세계적인 녹색 도시로 자리매김할 수 있었던 이유로 '시민의 힘'을 꼽는다. 그는 도시마다의 문화나 여건,

프라이부르크는 제로 에너지
하우스 설계를 목표로,

대부분의 주택을 저에너지
하우스, 패시브하우스,
에너지 플러스 하우스로
건설하고 있다.

방식이 다르기 때문에 시민들의 아이디어와 역량을 모아 장기적으로 목표를 세워가야 한다고 강조했다. 친환경 생태도시 조성 사업은 장기적인 안목과 시민의 참여가 반드시 뒷받침되어야 한다.

ⓘ 참고 자료

「세계 환경수도 獨 프라이부르크」, 《서울신문》, 2010년 11월 29일 | 「세계는 지금 탄소 제로 도시에 주목한다」, 《머니투데이》, 2019년 1월 1일 | 〈독일 프라이부르크가 환경도시로 거듭난 이유〉, KBS, 2020년 10월 11일 | 「차 없는 아이들의 천국 獨보봉 생태마을」, 《일다》, 2011년 8월 17일

탄소 포집 기술이 만든 새로운 경제

온실가스 배출량 제로Net Zero가 모두의 과제로 떠오른 가운데, 세계 주요 국가들의 관심이 쏠리는 기술이 있다. 바로 탄소를 포집해 저장하고 활용하는 CCUS Carbon Dioxide Capture Utilization and Storage가 그 주인공이다. 산업 시설에서 발생하는 이산화탄소를 포집하고 이를 저장Carbon Capture & Storage, CCS하는 기술과 이산화탄소를 활용Carbon Capture & Utilization, CCU해 부가가치가 높은 물질로 전환하는 기술까지 모두 포함하는 말이다. 산업 현장에서 나오는 대규모 이산화탄소를 경감시킬 수 있는 유일한 해결책으로 언급되기도 한다. 『에너지 기술 전망 보고서』에서는 이 기술 없이 온실가스 배출량 제로에 도달하는 것은 불가능하다고 전망했다. 국제에너지기구IEA 역시 2021년부터 2050년까지 이산화탄소 배출량 감소의 10퍼센트를 CCUS가 담당하게 될 것이라고 밝혔다. 이에 따라 미국, 캐나다, 독일, 영국, 호주, 일본 등 세계 주요 국가들이 기술력 확보를 위해 박차를 가하고 있다.

미국은 2009년 국립탄소포집센터를 설립하고 포집 비용을 낮추기 위한 기술에 몰두하고 있다. 특히 이산화탄소가 석유 및 가스전에 주입되어 유전에 남아 있는 원유를 추가적으로 생산하는 원유회수 증진법EOR, Enhanced Oil Recovery도 활발히 사용되고 있다. 2017년에 완공된 세계 최대 이산화탄소 포집·저장 시설인 페트라노바Petra Nova는 92.4퍼센트의 포집 효율을 기록한 바 있는데, 이는 도로 위 자동차 35만 대를 줄인 것과 맞먹는다.

신재생에너지 사용이 활발한 유럽의 주요 국가들은 일부 기술의 상용화에 이미 성공했다. 노르웨이는 CCUS를 국가 전략기술로 지정하며 2008년부터 '스노비트 저장소'를 통해 연간 70만 톤의 이산화탄소를 저장한다. 또한 2012년 설립된 몽샤드기술센터엔 12메가와트 규모의 이산화탄소 포집 테스트 설비를 갖추었다.

암반을 이용해 이산화탄소를 격리시키는 카브픽스프로젝트를 추진한 영국은 220톤의 이산화탄소 중 95퍼센트를 석회석으로 전환하는 데 성공했다. 아이슬란드 지역 발전소에서 발생하는 이산화탄소를 물에 녹여 지하 400미터에서 500미터에 위치한 현무암에 주입하는 방식을 택했다. 영국의 『CCUS 클러스터 개발 추진 및 현황 및 정책적 시사점 보고서』에 따르면 2030년까지 연간 2,700만 톤의 이산화탄소를 저장할 수 있을 것으로 보인다.

독일 역시 정부와 기업의 공동 연구에 집중했다. 특히 고분자 재료 제조업체인 코베스트로Covestro는 이산화탄소를 일부 사용해 섬유를 생산하는 방법을 개발했다. 포집한 이산화탄소를 활용해 폼 매트리스를 상용화하는 데 성공했고, 나아가 자동차 내장재 등으로 사업을 확장하는 중이다.

한국은 2025년부터 동해 가스전에 연 40만 톤씩 총 1,200만 톤의 이산화탄소를 저장하는 것을 목표로 저장소 개발을 추진하고 있다. 이 유전은 2004년부터 17년간 천연가스를 생산해오다가 2021년에 생산이 종료되었다. 현재 비어 있는 동해 가스전 저류층은 단단한 암석층으로 둘러싸여 있기 때문에 이산화탄소를 안정적으로 저장할 수 있을 것으로 기대하고 있다.

📖 참고 자료

「대기 속 탄소 포집, 향수·의약품서 탄산수까지 만든다」, 《중앙선데이》, 2023년 3월 11일 |
「CCUS, 온실가스 감축·혁신 원동력」, 《신소재경제》, 2021년 7월 9일 | 「국제CCS지식센터, 탄소 포집률 92.4% 기록한 페트라 노바는 성공적인 CCS 프로젝트」, 《뉴스와이어》, 2020년 9월 6일 | 「영국도 2000만t 탄소포집 한다는데, 우리나라는 어려울까요?」, 《경향신문》, 2023년 4월 4일 | 「전경련, 韓日, 수소·탄소·광물 공동 개발」, 《신소재경제》, 2023년 4월 10일 | 「이산화탄소 이용해 탄성 섬유 만든다」, 《글로벌이코노믹》, 2019년 7월 18일

안전하고
깨끗한 물

Fog catcher

안개로 식수를 만드는 포그캐처

1956년, 칠레대학교에서 물리학을 가르치던
아란치비아 교수는
식수난이 심각한 마을을 위해 특별한 실험에 돌입했다.
태평양 해무의 영향으로 안개가 자주 끼는 지역적 특성을
활용하기 위해 높은 언덕에 촘촘한 그물망을 설치했다.

그물망에 안개 물방울이 맺히게 해
연결된 관으로 흘러가도록 만들자
수많은 물방울을 모으는 데 성공할 수 있었다.
그는 이를 포그캐처Fog catcher라고 명명했다.

이후 물이 부족한 세계 각지에서는 포그캐처를 설치해
식수와 농업용수를 만들 수 있게 되었고
2013년에는 미국 MIT 연구팀이
미국삼나무에서 착안한 방법으로
포그캐처 기술을 한층 발전시켰다.

"이전 포그캐처 1제곱미터에서 수집할 수 있었던
물의 양은 하루 평균 약 2리터.
새로 개발된 포그캐처는 12리터로
약 6배의 물을 모을 수 있다."

— 미국 MIT 연구팀, 2013

물 부족으로 깨끗한 식수를 공급받지 못하는 세계 인구가
약 22억 명에 달하는 오늘,
포그캐처는 물 부족을 극복하는 훌륭한 대안이 될 것이다.

참고 자료

「안개수집용 투과 섬유 네트워크 구조물의 최적 설계」, MIT, 2013

해수담수화에 답이 있다

급격한 도시화와 기후변화로 인해 세계 인구의 절반 이상이 물 부족에 시달릴 것이라는 주장이 제기되고 있다. 이는 30억 명에 달하는 사람이 손 씻을 물조차 부족하다는 것을 의미한다. 국제연합은 이미 약 40억 명이 1년에 최소 한 달 이상 심각한 물 부족을 경험하고 있으며, 16억 명은 깨끗하고 안전한 물을 얻는 데 어려움을 겪고 있다고 밝혔다. 머지않아 전세계 국가의 5분의 1이 심각한 물 부족 사태를 겪을 것으로 전망하기도 했다.

심각한 물 부족 현상과 함께 세계적인 문제로 떠오르고 있는 것이 바로 깨끗한 물 확보다. 급격한 도시화와 산업화, 처리 시설의 노후화, 신흥개발국의 하수 처리 미비 등으로 누구나 쉽게 취할 수 있던 보편재가 점점 희소가치를 지닌 제재로 바뀌어가고 있다.

이러한 상황에서 바닷물을 일상에 사용할 수 있도록 바꾸는 해수담수화 기술이 주목받고 있다. 생활용수나 공업용수로 직접 사용하기 어려운 바닷물에서 염분을 포함한 용해물질을 제거해 순도 높은 음용수와 생활용수, 공업·농업 용수를 얻는 것이다.

사실 해수담수화는 아주 오래전부터 시도되어온 기술이다. 첫 시작은 바다를 항해하던 옛 선원들이 바닷물을 끓인 후 수증기를 모아 식수로 사용한 것이라고 전해진다. 1940년 제2차 세계대전 시기에는 군부대에 물을 공급하기 위해 새로운 담수 설비와 기술 개발이 이루어졌고, 이후 보편적으로 활용된 방법이 바로 증류법과 역삼투법이다.

증류법은 가장 오래전부터 사용해온 방법으로, 전 세계 해수담수화 시설 중 절반 이상을 차지하는 기술이다. 간단한 가열과 냉각의 원리로 많은 양의 순수한 물을 얻을 수 있다는 장점이 있으나, 이 과정에서 화석연료를 태워야 하기 때문에 지구온난화의 원인이 될 수 있다. 뜨거운 폐수가 그대로 버려질 경우 생태계에 혼란을 줄 우려도 존재한다.

역삼투법은 압력을 이용해 깨끗한 물을 얻기 때문에 열에너지를 필요로 하는 증류법에 비해 경제적이면서도 환경적이다. 다만, 높은 압력을 버틸 수 있는 튼튼한 반투막이 반드시 필요하다. 아직까지는 반투막이 견딜 수 있는 압력의 한계가 있어 상대적으로 적은 양의 물만을 얻을 수 있지만, 중동 지방

바닷물을 일상에
사용할 수 있도록 바꾸는
해수담수화 기술이
주목받고 있다.

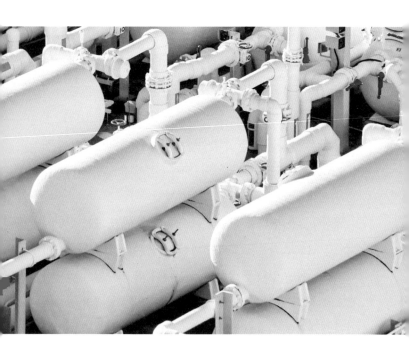

을 중심으로 점점 더 사용량이 증가하고 있다. 과거에는 대표적인 물 부족 국가인 중동 및 북아프리카 지역을 중심으로 해수담수화 시장이 형성되었으나, 최근에는 다른 지역으로도 뻗어나가고 있다. 무한한 바닷물을 활용하는 기술인 만큼 대체 수자원 확보 기술로 주목도가 높기 때문이다.

대한민국은 경쟁력 높은 해수담수화 기술력을 보유하고 있다. 해수담수화 플랜트 건설부터 내부에 들어가는 역삼투 분리막 분야까지 전부 소화할 수 있는 나라는 대한민국을 포함해 미국, 일본 등에 불과하다. 이산화탄소를 활용한 해수담수화 신기술을 개발한 광주과학기술원GIST의 지구환경공학부 박영준 교수는 전 세계적으로 이슈인 물 부족과 물 오염 이슈를 해결함과 동시에 지구온난화의 주범인 이산화탄소를 처리할 수 있음을 설명하며, 해수담수화 기술이 가진 환경적 중요성이 매우 높아지고 있음을 강조했다.

📖ⓘ 참고 자료

「2050년 전 세계 도시 인구 3분의 1은 물 부족 직면」, 《머니투데이》, 2021년 8월 9일 | 「세계 선도하는 한국 해수담수화 기술」, 《디지털타임스》, 2021년 8월 4일 | 「바닷물을 끓여 식수 사용한 데서 시작 해수담수화」, 《한국경제신문》, 2020년 7월 12일 | 「바다 위에서 순수한 물을 얻는 방법, 해수담수화 기술」, 과학기술정보통신부 블로그, 2020년 8월 3일 | 「박영준 GIST 교수팀, 해수담수화 신기술 개발… "지구온난화·물 부족 동시 해결」, 《전자신문》, 2019년 1월 29일

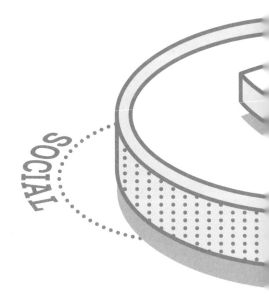

반드시
가야 할 길

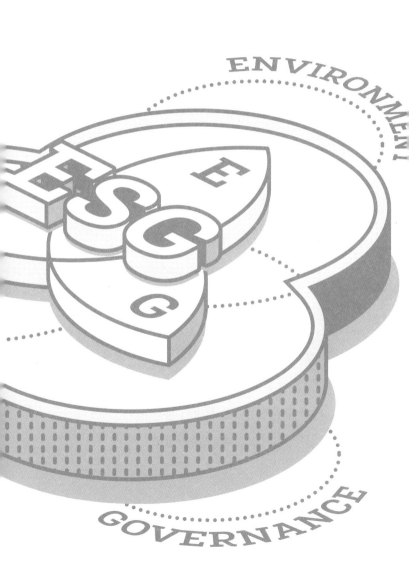
ENVIRONMENT

GOVERNANCE

탄소시장

"2005년부터 2012년까지 이산화탄소 배출량을
획기적으로 줄이겠다."

— 교토기후협약, 1997년

1997년 일본 교토에 '약속'하기 위해 모인 국가들.
이산화탄소를 줄이기 위해서는 무엇을 어떻게 해야 할까?

이산화탄소를 내뿜기 위해서 돈을 내야 한다면?
환경을 지키기 위해 새로운 시장이 생겼다.
그 시장에서 사고파는 상품, 탄소배출권.

각 국가와 기업이 약속한 양 이상의 탄소를 배출하려면
탄소배출권을 구매해야 한다. 생산에 필요한 탄소배출권의
가격이 친환경 에너지 개발이나 정화 시설 설치 비용보다
비싸다면 기업은 탄소배출권을 구입하는 대신 친환경
에너지 개발이나 정화 시설 설치를 선택할 것이다.

"시장이 지구를 구할 것이다."

— 매슈 휘털Matthew Whittall, 영국기후변화거래소

그러나 탄소배출권 가격은 1톤당 30유로(약 4만 원)에서
0.5유로(약 700원)로 뚝 떨어졌다. 불경기를 맞으며
기업들은 탄소배출권이 필요 없는 국가를 찾아 공장을
옮겼다. 수요가 줄어들자 가격이 폭락했다.
그럼에도 시장에 뛰어드는 사람들이 있다.
주식처럼 거래되는 탄소배출권.
환경이 아니라 돈을 좇아 움직이는 탄소배출권.

1990년 이산화탄소 배출량 271톤,
2012년 이산화탄소 배출량 356톤.
결국 탄소배출권을 시행했음에도 이산화탄소 배출량을

줄이지 못했다.

"탄소배출권의 공급량이 줄어들면 배출권의 가격이 오른다.
탄소배출권의 가격이 오르면 기업도 저탄소 기술 개발을 위해
노력할 것이다."

— 클리마카인드, 탄소배출권 폐기 운동 단체

low-carbon economy

ESG, 기업이 기후위기에 대처하는 방법

　최근 국내 주요 기업의 CEO들이 전한 신년사에 빠지지 않고 등장하는 말이 있다. 바로 ESG다. 비즈니스 생태계의 뜨거운 키워드가 된 ESG는 기업의 평가기준과 비즈니스 모델에 새로운 변화를 불러일으키고 있다. ESG는 환경Environmental, 사회Social, 지배구조Governance의 머리글자를 딴 말로, 기업의 재무적 성과 외에 친환경, 사회적 책임경영, 기업의 지배구조와 같은 비非재무적 지표를 고려해 지속가능성을 지향하는 경영 방식을 의미한다.

　각 기업들이 기후위기를 위험 요소로 인식하기 시작하면서 ESG라는 비재무적 요소가 기업의 가치를 판단하는 중요한 기준이 되었다. 지구온난화, 대기오염, 물 부족 등 갈수록 심해지는 전 지구적인 환경문제에 사회적 책임을 다할 때 기업이 생존하는 시대가 온 것이다. ESG는 환경문제뿐만 아니라 조직 내 인종, 출신지, 성별 등에 따른 다양성, 뇌물과 부패가 없는 건전하고 투명한 이사회 운영 등 사회적·윤리적 책임도 더불어 요구된다. 환경문제와 사회문제는 깊은 상호 의존성을 지니고 있어 경계가 따로 없다고 보는 것이다.

"기업의 지속가능성을 투자 결정의 기준으로 삼겠다."

세계 최대 자산운용사인 블랙록Blackrock의 CEO 래리 핑크 Larry Fink가 2020년 1월 투자 대상 기업 대표들에게 보낸 연례 서한의 내용이다. 그는 2050년까지 탄소 배출을 최대한 줄여 실질적인 이산화탄소 배출량을 0으로 만드는 탄소중립 계획을 공개하라고 각 기업에 요구했다. 이는 거대한 자본의 이동으로 이어져 우리나라는 물론 전 세계의 기업에 대대적인 영향을 미쳤고, 핑크의 언급을 신호탄으로 지속가능성에 대한 사회적 요구가 높아지는 계기가 되었다. 장기적인 도전으로 여겨졌던 저탄소, 탈탄소로의 압박은 최근 들어 점점 더 강해지고 있다. 2021년 미국의 조 바이든Joe Biden 대통령도 40개국 정상이 참여한 기후정상회의에서 2050년까지 탄소중립을 실천하겠다고 선언한 바 있다. 친환경 정책을 내세운 바이든 정부의 등장에 따라 ESG는 전 세계적으로 통용되는 시대적 요구로 받아들여지면서 더 빠르게 시장의 흐름을 바꿔놓았다.

반드시 가야 할 길이라도 높은 기준을 빠르게 적용하기란 간단하지 않다. 실제 기후변화로 인해 시행되는 탄소중립이 온실가스 다배출 업종과 관련 기업들에 단기, 장기적으로 거대한 위기가 될 가능성이 높다. 이에 일부 기업들은 ESG를 멈추겠다고 선언하기도 했다. 당장의 수익 창출과 살아남기가 우선 과제가 된 시장에서 ESG를 고려하는 건 사치라는 주장이다.

물론 ESG 경영에도 문제점은 존재한다. 가장 대두되는 문제는 시장의 변화 규모와 속도에 비해 ESG 경영 수준을 평가할 통일된 기준이 없다는 점이다. 이런 이유로 기업들의 대응이 매우 상이하고 실질적인 대응보다는 착한 기업 이미지(그린워싱)를 위한 마케팅에 그치는 경우가 많다. 정확한 평가 기준을 세우고 정량적으로 ESG 활동을 평가하려는 시도와 사회적 합의를 위한 노력이 필요하다.

글로벌 컨설팅기업 맥킨지는 2022년 8월 자사 보고서를 통해 ESG가 일종의 '사회적 자격'이 될 것이라고 내다봤다. 또한 ESG라는 말이 현재는 다소 빛을 잃었을지 모르지만 그 아래 깔린 명제는 여전히 필수적인 것으로 남아 있기 때문에 ESG를 진행하면서 맞닥뜨리는 걸림돌은 반드시 해결해나가야 한다고도 강조했다.

반드시 가야 할 길이라도
높은 기준을 빠르게
적용하기란 간단하지 않다.
실제 기후변화로 인해
시행되는 탄소중립이
온실가스 다배출 업종과
관련 기업들에
단기, 장기적으로 거대한
위기가 될 가능성이 높다.

📖① 참고 자료

〈붉은 지구〉, KBS, 2023년 3월 14일 | 「블랙록, 래리 핑크 회장의 2021년 편지에는 무엇
이 담겼나」, 《임팩트온》, 2021년 1월 28일 | 「탄소중립으로 ESG 경영을 시작하라」, SK에코
플랜트, 2021년 8월 1일 | 「지속가능한 성장을 위한 기업의 노력 ESG경영」, KDI경제정보센
터, 2021년 7월 | 〈ESG가 대세가 된 이유는〉, EBS, 2021년 5월 10일 | 「세계적 투자기관의
경고 "신규 석탄발전, 한국 경제, 미래에 독"」, 《한겨레》, 2021년 8월 4일 | 「몸에 맞지 않는
ESG 경영 펼치는 기업들」, KDI경제정보센터, 2021년 6월 | 「돈줄 마르자 ESG 접는 기업…
지속가능한 투자는 지속가능할까」, 《한겨레》, 2022년 11월 1일

그린스완과 기후금융

기후변화는 상상하는 것 이상으로 우리 삶 전체에 영향을 끼친다. 인프라, 수송 시스템, 에너지, 식량, 수자원 공급에 이르기까지 그 파급력은 어마어마하다. 태풍, 폭염, 폭우 등으로 기후에 변화가 생겼을 경우, 식량 생산은 물론 물 공급에까지 영향을 미칠 수밖에 없다. 특히 피해에 취약한 지역이나 가난한 이들에겐 더욱 심각한 문제로 번질 우려가 있다.

2020년 1월, 국제결제은행BIS 보고서에서는 기후변화가 금융에도 영향을 끼칠 것이라고 전망했다. 이를 그린스완Green Swan이라고 정의했는데, 발생 가능성은 낮아도 발생 후엔 커다란 충격을 주는 금융위기를 뜻하는 블랙스완Black Swan에서 파생된 말이다. 두 개념 모두 예측할 수 없다는 공통점이 있지만, 그린스완은 언제 어디서 일어날지 모른다는 불확실성과 돌이킬 수 없다는 점에서 차이가 있다. 실제로 이상기후로 인해 큰 타격을 받은 세계 각국의 금융기관들도 있다. 글로벌 보험사 스위스리의 보고서에 따르면, 2020년 전 세계 보험사들이 자연재해와 인재로 인해 총 830억 달러의 손해를 입었는데, 이는 2019년보다 32퍼센트나 늘어난 수치라고 한다.

이런 상황에서 기후금융은 코앞까지 다가온 그린스완을 막기 위한 대책으로 언급되고 있다. 저탄소 경제를 실현하기 위해 탄소 배출이 적은 기업에 투자를 유도하는 '탈탄소화 자금 흐름'을 기후금융이라고 부른다. 이 개념은 2006년 유엔책임투자원칙UNPRI이 제정된 이후 ESG의 요소로만 인식되어 왔지만, 파리기후협약 이후 본격적으로 알려졌다. 이 협약에 가입한 국가들은 '2050 탄소중립'을 선언하며 비교적 책임이 적은 개발도상국의 기후변화 적응을 위한 비용을 분담한다는 목표에 합의했다. 또한 금융회사가 대출 평가를 받을 경우 기후변화 리스크를 반영할 수 있도록 기업의 기후변화 정보공시 의무 제도화를 추진하기도 했다.

한편으로는 기후변화가 인류의 지속가능성을 위협하는 환경에 효과적으로 대응하기 위한 새로운 성장의 기회도 이끌어내고 있다. 전기자동차를 생산하는 테슬라, 대체육을 만드는 비욘드미트, 미생물로 비료를 개발한 인디고 애그리컬처는 대표적인 기후테크 기업이다. 지속가능성과 수익성을 동시에 만족시킨 훌륭한 사례로 꼽힌다. 우리나라에서도 2021년 700억 원대 글로벌 기후테크 벤처 펀드가 결성되었고, 이어 초기 기

기후변화는 우리 삶 전체에
영향을 끼친다. 특히 피해에
취약한 지역이나 가난한
이들에겐 더욱 심각한 문제로
번질 우려가 있다.

후테크 스타트업을 육성하는 100억 원 규모의 투자조합도 설립되었다.

국제적으로 기후금융을 정착시키려는 노력이 진행되고 있는 지금, 기후변화가 더 이상 진전되지 않도록 안정화할 필요가 있다. 동시에 기후변화로 인한 리스크 관리와 새로운 기회를 포착할 수 있는 시점이기도 하다.

참고 자료

「그린스완의 위기를 기회로 만드는 기후금융」, 《라이프인》, 2020년 4월 20일 | 「저탄소 경제와 2050 탄소중립을 위한 기후금융」, 《라이프인》, 2022년 4월 25일 | 「그린스완 아시나요? 기후위기 대응 나서는 각국 중앙은행」, 《그린포스트코리아》, 2021년 7월 28일

ACTION

21

제2의 지구 —————————————

ON AIR
제2의 지구는 있을까? 20210324

Terraforming

제2의 지구를 찾아서

"인류 멸망을 원치 않는다면 200년 안에 지구를 떠나라."
2018년 세상을 떠난 스티븐 호킹Stephen Hawking 박사의 유언이다.

지구를 떠난다면 우리는 어디로 갈 수 있을까?
과연 제2의 지구는 있을까?

"밤하늘에 보이는 별의
20퍼센트에서 50퍼센트 정도가 지구와 크기가 비슷하고
땅이 있는 행성을 보유하고 있을 가능성이 높다."
— 윌리엄 보루키William Borucki, 미국항공우주국 박사

2009년부터 9년 반 동안 행성 2,600여 개를 찾아낸 케플러 우주망원경.

케플러 우주망원경은 지구에서 1,400광년 떨어진 케플러 452b를 발견했다. 케플러 452b는 태양과 비슷한 항성인 케플러 452를 도는 행성이다. 지구 지름의 약 1.6배, 공전 주기는 385일로 지구와 비슷하다. 생명체가 살기에 적합한 골디락스 존Goldilocks Zone에 위치한다.

"옛날 옛적에 금발머리 소녀 골디락스Goldilocks는
숲속에서 길을 잃었어요.
배가 고픈 골디락스는 숲속의 외딴집에서
수프 세 그릇을 발견했어요.
하나는 너무 뜨겁고, 하나는 너무 차갑고,
하나는 먹기 적당한 온도였어요."
─『골디락스와 곰 세 마리』 중

먹기 적당한 온도의 수프처럼 빛을 내는 항성으로부터 너무 멀지도 가깝지도 않아서 적당한 온도가 형성돼 생명체가 살 수 있는 우주 공간 '골디락스 존.'
제2의 지구가 되려면 지구 크기 정도의 암석 형태로

골디락스 존에 있으며 물과 대기가 있어야 한다.

케플러 452b 행성은 온도, 밀도, 부피 등 물리적인 조건이

지구와 비슷하다. 그런데 문제는 거리다. 지구에서

케플러 452b 행성까지는 1,400광년.

빛의 속도로 1,400년을 날아가야 한다.

그렇다면 태양계에서 제2의 지구가 될 행성은 없을까?

태양계의 골디락스 존에는 단 2개의 행성이 있다.

지구, 그리고 화성.

제2의 지구를 찾는 이목이 화성으로 쏠리는 이유다.

"화성은 지구보다 1.5배 태양에서 떨어져 있다.

적당한 기온을 가진 화성은 초창기 지구의 모습과

많이 닮았다."

— 일론 머스크Elon Musk, 스페이스X 창업자

📖ⓘ 참고 자료

한국천문연구원 황호성 박사 | 미국항공우주국(NASA)

화성은 두 번째 지구가 될 수 있을까

"저도 화성으로 갈 겁니다.

물론 지구로 돌아오지 못할 수도 있죠."

민간 항공우주 기업 스페이스X를 이끄는 일론 머스크는 국제화성학회의 온라인 인터뷰에서 자체적으로 개발한 스타십 우주선을 이용해 화성 탐사에 나설 것이라고 발표했다. 100명이 탈 수 있는 우주선을 만들어 2050년까지 화성에 이주민 100만 명을 보내는 것이 그의 최종 목표다. 우리는 화성인이 될 수 있을까?

2020년 7월, 미국의 다섯 번째 화성 탐사 로봇인 퍼시비어런스Perseverrance를 실은 마스 2020이 플로리다주 케이프커내버럴 공군기지를 떠나 화성으로 향했다. 4억 7,100만 킬로미터, 203일간 우주를 향해 간 끝에 퍼시비어런스는 2021년 2월 붉은 행성에 발자국을 찍었다. 퍼시비어런스는 최소 1화성년, 지구 일수로 687일간 화성의 기후와 지질 특성을 분석하고 미생물의 흔적 등 표본을 수집하는 임무를 수행했다. 이 연구는 화성의 환경 자체를 인간이 살 수 있는 곳으로 만드는 테라포밍Terraforming의 디딤돌이 될 것이다. 테라포밍은 지구를 뜻하는 테라Terra와 만든다는 의미의 포밍Forming을 합친 신조어로 다른 행성의 지구화 계획을 의미한다.

테라포밍은 1942년에 발간된 잭 윌리엄슨Jack Williamson의 소설 『충돌궤도Collision Orbit』에 처음 등장했다. 이후 천문학자인 칼 세이건Carl Sagan이 1961년 논문에서 금성의 온실효과를 억제할 수 있는 테라포밍을 발표하면서 실현 가능성이 보이기 시작했다. 그는 이 논문에서 금성에 조류Algae를 심어, 지구 대기 중 이산화탄소의 농도가 높았던 시기에 원시 조류들이 산소를 생산해냈듯이 지구와 같은 대기 변화 과정을 인위적으로 발생시키면 금성의 온도를 떨어뜨릴 수 있을 것이라 생각했다. 하지만 칼 세이건의 예측은 실현 불가능한 것으로 밝혀졌다. 464도에 이르는 극심한 열기와 지구 대기압의 90배가 넘는 엄청난 압력, 수시로 내리는 황산비 때문에 금성에서는 어떤 조류나 미생물도 살아남을 수 없었다. 결국 금성은 후보에서 제외됐다.

1973년 칼 세이건은 대상을 화성으로 바꾸어 다시 테라포밍을 제안했고, 1982년 NASA의 연구원이었던 크리스토퍼 맥

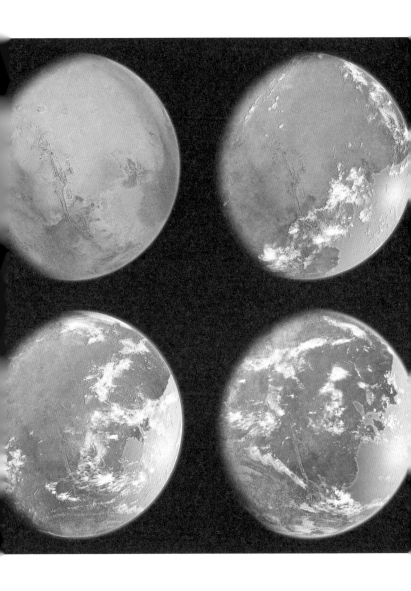

케이Christopher Mackay 박사가 『화성 테라포밍Terraforming Mars』
이라는 저서를 통해 가능성을 탐색했다. 그는 영하 63도에 달
하는 화성의 온도를 높일 수만 있다면, 화성의 드라이아이스
와 얼음이 녹으면서 강이나 호수 같은 형태가 나타나고 충분
한 크기의 바다가 형성되면 생명체가 살기에 적합한 온도를
갖출 수 있을 것이라고 주장했다. 여기에 최근 화성에서 대규
모 물의 존재를 발견하면서 잠시 주춤했던 테라포밍의 개념
이 다시 이목을 집중시켰다.

화성의 온도를 높이기 위한 아이디어도 다양하게 연구되고
있다. 미국 애리조나대학교 연구팀은 화성 궤도에 150미터 길
이의 반사경 300개를 이어 붙여 띄운 뒤, 태양광을 화성 표면
으로 반사하면 이를 통해 표면 온도를 20도까지 끌어올릴 수
있다고 발표했다. 또 스페이스X의 창업자 일론 머스크는 만
년설로 뒤덮인 화성의 극지방에 핵미사일을 1만 개 이상 터뜨
리면 얼음이 녹아 땅에 갇힌 이상화탄소가 대기 중으로 방출
하게 될 것이라는 주장을 하기도 했다. 하지만 이는 현재의 과
학기술 수준으로는 불가능하다. 미국 콜로라도대학교 볼더의
연구진은 화성이 지구처럼 온도가 따뜻해지기 위해서는 막
대한 양의 이산화탄소가 필요하지만 화성의 이산화탄소 양
은 턱없이 부족하다고 보았다. 덧붙여 이산화탄소보다 훨씬

강력한 온실가스를 인위적으로 화성 대기에 주입하는 방식도 현재의 기술 수준으로는 그야말로 공상과학 영화에서나 가능한 일이라고 선을 그었다.

그럼에도 인류는 제2의 지구를 찾기 위한 도전을 이어나가고 있다. 2021년 5월, 화성 이주를 목표로 개발 중인 우주선 스타십이 네 번의 실패를 딛고 시험 비행에 성공하면서 사람이 화성에 갈 수 있는 시대가 한 발자국 더 가까워졌다. 과연 화성은 두 번째 지구가 될 수 있을까?

📖ⓘ 참고 자료

「화성에 지구 환경 만드는 '테라포밍' 연구 어디까지 왔나」, 《동아일보》, 2021년 5월 1일 | 「화성을 제2의 지구로 만드는 것이 가능할까?」, 《사이언스타임즈》, 2020년 11월 10일 | 〈미지의 붉은 행성을 개척하려는 이유〉, 내셔널지오그래픽, 2018년 11월 1일 | 「화성을 지구처럼 바꿀 수 있을까?」, 《사이언스타임즈》, 2019년 8월 22일

지금 내가
할 수 있는 것

Forever
For everyone

모두를 위한 내일

토토로가 위험해!

숲을 지키지 못하면 토토로의 고향이 영원히 사라진대!
토토로와 친구들에게 잃어버린 고향을 되돌려주자!

일본 도쿄도와 사이타마현에 걸친 사야마 숲.
1990년 도쿄에 인구가 집중되며 생긴 주택난으로
사이타마현은 도심에 편입되기 시작했다.
그리고 차츰 숲이 사라지기 시작했다.

그러자 숲을 지키기 위해 전국에서 편지와 후원금이
도착했다. 1년 반 동안 1만 명이 넘는 사람들의 모금이
계속됐고, 그중 40퍼센트는 초·중·고등학생이었다.
결국 도심 한가운데 360평의 숲이 다시 숨을 쉬기
시작했다. 이처럼 시민들의 자발적인 모금을 통해 보존
가치가 높은 자연환경과 문화유산을 지켜 나가는 시민
운동인 포에버 포 에브리원Forever, For everyone을 운영하는
내셔널 트러스트National Trust.

우리나라에도 비슷한 사례가 있다.
고운 모래가 만드는 깨끗한 물줄기,
낙동강으로 흘러드는 유일한 1급수
내성천 위로 물길을 가로막은
차가운 벽이 생기기 시작했다.

터전을 잃어버린 생명을 위해, 후손을 위해
한 사람당 한 평씩 사자!
내성천 한 평 사기 운동이 시작됐다.
2012년 2월 운동이 시작된 지 7개월 만에
600명의 시민이 동참했고 564평의 땅이 지켜졌다.

"이곳은 낙동강을 살릴 수 있는 유일한 강이며
후손에게 물려줘야 할 국보급 생태계이자 자연유산이다."

— 한스 베른하르트Hans Bernhardt, 독일 카를스루에 공대 교수

"먼 훗날 우리 아이들에게 엄마, 아빠가
이 강을 지켜왔다고 말할 수 있는 날이 오지 않을까요?"

— 한 평 사기 운동에 참여한 시민

📖 참고 자료

요코가와 세쯔코, 『토토로의 숲을 찾다』, 전홍규 옮김, 이후, 2000 | 한국내셔널트러스트

숲을 지키지 못하면
토토로의 고향이 영원히
사라진대!
토토로와 친구들에게
잃어버린 고향을
되돌려주자!

큰일을 하는 데 우리는 결코 작지 않아요

작은 체구에 갈색 머리의 소녀가 수많은 사람들 앞에 섰다. 미세하게 떨리는 작은 손엔 글자가 빼곡히 적힌 연설문이 들려 있다. 잠시 호흡을 가다듬은 소녀는 사람들을 향해 이렇게 외쳤다.

"사람들이 고통받고 있습니다. 죽어가고 있어요. 생태계가 완전히 무너져 내리고 있습니다. 우리는 대멸종이 시작되는 지점에 있어요. 그런데 어른들은 돈과 끝없는 경제성장의 신화만 얘기합니다. 저는 이곳이 아닌 학교에 있어야 했어요. 하지만 당신들이 내 어린 시절과 꿈을 앗아갔습니다. 어른들은 우리를 실망시켰어요. 미래 세대의 눈이 당신들을 향하고 있습니다. 어린이들을 실망시킨다면 결코 용서하지 않을 겁니다."

모두를 귀 기울이게 만든 소녀의 이름은 그레타 툰베리Greta Thunberg. 스웨덴의 청소년 환경 운동가다. 2019년 9월 23일, 그는 유엔본부에서 열린 기후행동 정상회의에서 위와 같이 연설했다.

툰베리는 어린 시절부터 남다른 시각을 가진 아이였다. 여덟 살이 되던 해, 심각한 기후변화에 처음으로 의문을 품기 시작했다. 부모와 여행을 떠날 때에도 비행기가 만들어내는 환경오염에 대해 이야기하는 아이였다. 툰베리는 본격적으로 기후 공부를 시작했지만, 더 많은 것을 알게 될수록 절망할 뿐이었다. 지구에 닥친 심각한 위기를 깨닫게 되자, 도저히 가만히 있을 수 없었다.

마침내 열다섯이 되던 2018년 여름, 자신의 생각을 행동으로 옮기기로 했다. 262년 만에 찾아온 폭염으로 스웨덴 곳곳이 산불을 겪던 시기였다. 그날 학교를 결석한 툰베리는 곧장 스웨덴 국회의사당으로 발길을 옮겼다. 한 손에는 '기후를 위한 등교 거부' 팻말을 들고, 기후변화 대책을 촉구하는 1인 시위를 벌였다. 학교에서 공부해야 할 때라며 나무라는 어른들에게 툰베리는 이렇게 외쳤다. 미래가 없는데 공부는 해서 무엇하냐고.

진심이 세상에 전해진 것일까. 매주 금요일마다 혼자 벌이던 시위는 얼마 지나지 않아 전 세계 수백만 명의 학생들이 참가하는 '미래를 위한 금요일 운동'으로 이어졌다. 시위를 시작한 그해만 무려 270여 개 도시에서 2만여 명의 사람들이 동참했다.

매주 금요일마다
혼자 벌이던 시위는
얼마 지나지 않아
전 세계 수백만 명의
학생들이 참가하는
'미래를 위한 금요일
운동'으로 이어졌다.

툰베리는 여기서 멈추지 않았다. 유엔본부에 가기 위해 하늘길이 아닌 바닷길을 택했다. 비행기를 타면 반나절 만에 도착할 수 있는 거리를 탄소 배출 제로 보트를 타고 4,800킬로미터의 바다를 건너 15일 만에야 도착한 것이다. 이 무모한 도전은 모두 '언행일치'를 지키기 위한 것이었다. 선택적 함구증과 우울증으로 괴로운 순간에도, 세상의 곱지 않은 시선과 비난 속에서도 지구를 위한 움직임은 계속됐다.

툰베리가 보여준 이러한 담대함은 우리가 기후변화에 어떻게 대처하고 행동해야 하는지 생각해보게 만든다. 환경을 변화시키는 데 나이는 아무런 문제가 되지 않는다고 말하는 그는 세계 곳곳에 '툰베리 효과'를 일으키고 있다. 유럽연합은 화석연료나 비행기에 추가 세금을 도입하는 새로운 에너지세를 논의하고 있고, 독일 정부는 온실가스 배출량을 줄이기 위해 2023년까지 70조 원이 넘는 돈을 투자하겠다고 밝혔다. 덴마크에서는 사상 처음으로 나무 100만 그루 심기 모금 방송이 진행돼 약 30억 원을 달성했다.

대한민국 역시 2021년부터 지속가능한 사회를 위한 생태환경교육 관련 정책을 시행하고 있다. 교육부는 환경부와 협업해 기후변화의 심각성을 인지하고 기후위기 대응의 중요성에 대해 학습할 수 있도록 '기후 환경 1.5도' 애플리케이션을 출시했다. 더불어 생태환경교육을 위한 맞춤형 교육 시설을 확충하는 등 생태환경교육 플랫폼을 확대하고, 탄소중립학교 실현 및 학교에서 이루어지는 환경교육 전담 지원 또한 늘려갈 계획이다.

툰베리가 말했듯, 우리에게 필요한 것은 희망이 아니라 더 많은 행동이다.

📖 참고 자료

발렌티나 카메리니, 『그레타 툰베리』, 최병진 옮김, 주니어김영사, 2019 | 〈그레타 툰베리〉, 나탄 그로스만 감독, 2020 | 「열여섯 살의 기후변화 활동가 그레타 툰베리: 미래를 위한 금요일」, 한국환경공단 블로그, 2020년 1월 4일 | 「내 마이크가 꺼져 있나요?」, 《한겨레》, 2021년 9월 11일 | 「한국의 툰베리들, 미래 세대는 생태환경교육을 요구한다」, 《오마이뉴스》, 2021년 9월 6일

『EBS 지식채널ⓔ × 기후시민』에 수록된 방송 및 구성작가

사진 크레딧

47 © Stock for you / Shutterstock.com | 50-51 © Trevor Bexon / Shutterstock.com
62-63 © JessicaGirvan / Shutterstock.com | 70-71 © TTLSC / Shutterstock.com
75 © RunArt / Shutterstock.com | 86-87 © charnsitr / Shutterstock.com
102 © VTT Studio / Shutterstock.com | 174-175 © Mishimoto76 / Shutterstock.com
182 © Elena Odareeva / Shutterstock.com | 248-249 © 1000 Words / Shutterstock.com

EBS 지식채널 ⓔ × 기후시민

1판 1쇄 발행 2023년 8월 31일
1판 2쇄 발행 2023년 11월 30일

지은이 지식채널 ⓔ 제작팀
해설 글 손수현, 정보화

펴낸이 김유열
편성센터장 김광호 | 지식콘텐츠부장 오정호
단행본출판팀 | 기획 장효순, 최재진, 서정희 | 마케팅 최은영 | 제작 정봉식
북매니저 윤정아, 이민애, 정지현, 경영선

책임편집 이승희 | 디자인 박대성 | 인쇄 애드그린인쇄(주)

펴낸곳 한국교육방송공사(EBS)
출판신고 2001년 1월 8일 제2017-000193호
주소 경기도 고양시 일산동구 한류월드로 281
대표전화 1588-1580 | 이메일 ebsbooks@ebs.co.kr
홈페이지 www.ebs.co.kr

ISBN 978-89-547-7778-0 04300
ISBN 978-89-547-5415-6 (세트)

이 책은 저작권법에 따라 보호받는 저작물이므로 무단 전재 및 무단 복제를 금합니다.
파본은 구입처에서 교환해 드리며 관련 법령에 따라 환불해 드립니다.
제품 훼손 시 환불이 불가능합니다.